# ESPAÇOS, TEMPOS E GERAÇÕES:
## Perspectivas (auto)biográficas

**Série *Artes de viver, conhecer e formar***




APOIOS

Biograph
Associação Brasileira de Pesquisa (Auto)Biográfica

FEUSP
Faculdade de Educação da Universidade de São Paulo

FAPESP

CNPq
Conselho Nacional de Desenvolvimento Científico e Tecnológico

CAPES

Fafe
Fundação de Apoio à Faculdade de Educação

Elizeu Clementino de Souza
Rita de Cassia Gallego
(Organizadores)

Série *Artes de viver, conhecer e formar*

# ESPAÇOS, TEMPOS E GERAÇÕES
## Perspectivas (auto)biográficas

CULTURA ACADÊMICA
Editora

Cultura Acadêmica
Praça da Sé, 108
01001-900 - São Paulo - SP
Tel.: (0xx11) 3242-7171
Fax: (0xx11) 3242-7172
www.editoraunesp.com.br
feu@editora.unesp.br

CATALOGAÇÃO NA PUBLICAÇÃO
Serviço de Biblioteca e Documentação
Faculdade de Educação da Universidade de São Paulo

---

E77 Espaços, tempos e gerações : perspectivas (auto)biográficas / Elizeu Clementino de Souza, Rita de Cassia Gallego (orgs.) São Paulo : Cultura Acadêmica, 2010.
224 p. (Série Artes de Viver, conhecer e formar)

ISBN: 978-85-7983-056-3
Vários autores.

1. Educação 2. Autobiografias 3. Memória 4. Formação 5. Formação de professores 6. Autoformação I. Souza, Elizeu Clementino de, org. II. Gallego, Rita de Cassia, org.

CDD 22ed.: 370

---

Editora afiliada:

Asociación de Editoriales Universitarias de América Latina y el Caribe

Associação Brasileira de Editoras Universitárias

# Sumário

# Prefácio

*"Educação é vida", disse-nos Dewey.*

*"Alguém, vós ou eu, avança e diz: gostaria de aprender finalmente a viver". Desse modo, Derrida iniciava* Spectres de Marx. (Aprender finalmente a viver, *Jacques Derrida, entrevista com Jean Birnbaum, Coimbra: Ariadne, 2005.).*

Em entrevista, no ano de sua morte, Derrida perguntou-se "Como aprender a viver?" Na mesma oportunidade, lembrou-nos:

> Aprender a viver é amadurecer, e também educar: ensinar aos outros e sobretudo a si mesmo. Apostrofar alguém para lhe dizer: "vou te ensinar a viver" significa, por vezes em tom de ameaça, vou te formar ou mesmo te domar. A seguir e o equívoco deste jogo importa-me ainda mais, este suspiro abre-se também a uma interrogação mais difícil: a viver, poderá isso aprender-se? Ensinar-se? (*Aprender finalmente a viver*, Jacques Derrida, entrevista com Jean Birnbaum, Coimbra: Ariadne, 2005.).

2010 conhece a edição de uma série de seis obras nas quais os autores empenham-se de formas absolutamente originais em constituir relações entre histórias de vida e educação. O tema vem servindo à proliferação de inúmeros estudos, desde algumas décadas. No Brasil, há alguns anos, vemos frutificar apropriações bastante diferenciadas dos elos possíveis entre (auto)biografia e formação. O que pode parecer surpreendente é, decerto essa multiplicidade de apropriações que, inauguram, de modo incessante, perspectivas novas nessa área de pesquisa. Os seis livros aqui apresentados reúnem colaborações de autores da Suíça, França, Portugal, Dinamarca, Estados Unidos, Argentina, México, Canadá e Brasil. Seus títulos refletem sua riqueza e a organização de cada um dos livros aproxima, também, estudiosos de diversos pontos do país, como se pode constatar:

- *Sentidos, potencialidades e usos da (auto)biografia.* Organização de Paula Perin Vicentini e Maria Helena Menna Barreto Abrahão.
- *Invenções de vidas, compreensão de itinerários e alternativas de formação.* Organização de Maria da Conceição Passeggi e Vivian Batista da Silva.
- *Docência, Pesquisa e Aprendizagem: (auto)biografias como espaços de formação/investigação.* Organização de Dislane Zerbinatti Moraes e Rosario Silvana Genta Lugli.
- *Espaços, tempos e gerações: perspectivas (auto)biográficas.* Organização de Elizeu Clementino de Souza e Rita de Cassia Gallego.
- *Modos de narrar a vida: cinema, fotografia, literatura e educação.* Organização de Raquel Lazzari Leite Barbosa e Mônica Appezzato Pinazza.
- *Práticas de formação, memória e pesquisa (auto)biográfica.* Organização de Vera Lucia Gaspar e Jorge Luiz da Cunha.

A alusão aos títulos permite entrever, de saída, o potencial dos trabalhos que integram cada volume. Potencial esse que evidencia tanto as possibilidades analíticas e metodológicas do trabalho com narrativas, histórias de vida e (auto)biografias quanto a diversidade de objetos passíveis de serem conhecidos e compreendidos mediantes tais fontes. Ressalta-se ainda, a bifurcação das análises entre as que tematizam, de modo preferencial, as práticas de formação e as que investem sobre a geração de conhecimentos relativos à produção das investigações. Bifurcação estratégica, mas renovadamente superada na busca de maior compreensão dos problemas. Nessa mesma busca, as pesquisas (auto)biográficas alicerçam suas fundações no domínio da pedagogia, da história, da literatura, da psicologia, das artes, da filosofia e da antropologia. Pela eleição de objetos interdisciplinares, os estudos que a série de livros nos traz constroem-se para dar conta de questões como: artes da existência, aspectos da subjetividade, cuidados com o corpo, histórias de imigrantes, experiências de escrita, formação de professores e alunos e práticas de trabalho em sala de aula.

Os resultados de tais incursões agregam, assim, elementos importantes para análises da formação e suas práticas, das artes, das narrativas e dos processos de invenção da vida. Importa sublinhar aqui o fato dos trabalhos reunidos nos seis livros exprimirem, nesse momento, um ponto significativo na história do movimento internacional de pesquisa (auto)biográfica: momento de intensa produção e de grande diversidade de métodos e de fontes que, impõe ele próprio, a urgência da construção da história do movimento. (Auto)biografia e formação, história de vida e educação, docência e memória já constituíram, internacionalmente, uma produção de tal porte que importa conhecê-la em seus cruzamentos disciplinares, em sua cronologia, em seu intercâmbios, em suas modalidades de apropriação das ciências humanas e das artes. Que o conjunto das obras agora publicadas colabore para tal empreendimento e ao mesmo tempo faça proliferar o alcance de nossa compreensão sobre as questões que contempla! Tal é a nossa expectativa.

*Denice B. Catani*

São Paulo, maio de 2010.

# Espaços, tempos e gerações: perspectivas (auto)biográficas
## Apresentação

As (auto)biografias são marcadas pela pluralidade de tempos, espaços e gerações, aspectos que se evidenciam nas histórias de vida. A presente coletânea quer chamar a atenção para a função da memória de constituir um sentimento de pertença a um grupo que participa de espaços e tempos comuns. Todos os textos aqui reunidos conduzem a pensar na memória como a criação de um imaginário histórico, constituído a partir das apropriações e sentidos de determinadas trajetórias. Boa parte das reflexões refere-se a culturas específicas da escola e esclarecem os significados de experiências ainda pouco conhecidas. Para dar conta dessas questões, os textos aqui reunidos articulam-se em três eixos, que tratam, respectivamente: 1) das *narrativas, temporalidades e subjetivação*; 2) dos *espaços e tempos de formação nas (auto)biografias* e 3) das *histórias e alternativas de formação.*

Inicialmente, Rita de Cassia Gallego (Universidade de São Paulo) analisa as relações entre o tempo socialmente prescrito e os tempos vividos, tal como esses são narrados em autobiografias. Suas contribuições inserem-se no âmbito de um projeto interinstitucional, intitulado *Pesquisa (Auto)biográfica: docência, formação e profissionalização*, que conta com financiamento da CAPES. Conforme explica a autora, todo sujeito, por maior que seja sua contribuição criadora, constrói sua identidade a partir de um patrimônio de saber já adquirido, o qual ele contribui para aumentar. O exame do modo pelo qual os relatos autobiográficos são estruturados permite apreender a complexa relação estabelecida pelos sujeitos entre as diferentes escalas temporais configuradas socialmente e os sentidos que cada um atribui a cada uma delas segundo a idade, a profissão, a classe social, o gênero e o meio onde se desenvolveu. Assim, pode-se constituir uma análise mais detida acerca do papel desempenhado pela dimensão temporal nos textos memorialísticos tanto como elemento estruturante da narrativa quanto objeto das representações contidas nesse gênero de escrita.

Em seguida, o artigo de Maria Stephanou (Universidade Federal do Rio Grande do Sul) examina uma modalidade de escrita memorialística ainda pouco explorada. Trata-se dos álbuns de bebê, lugares onde são narradas existências de crianças em seus primeiros anos de vida, por meio de fotos e escritos pela família. Isso conduz a autora a definir esses materiais como artefatos culturais, "a um só tempo suporte de práticas de leitura e práticas de escrita, ambas no espaço familiar, doméstico, da vida cotidiana". Tendo em mãos cerca de vinte álbuns de bebê, dentre os quais estão exemplares dos anos 1920 até fins do século XX, Maria Stephanou observa como esses livros são compostos, quem os escreve, como os escreve, inscrevendo nesses álbuns lembranças e esquecimentos que dão sentido à vida das crianças e também às suas próprias vidas.

Luciane de Conti (Universidade Federal do Pernambuco) dá continuidade às discussões sobre as narrativas autobiográficas, refletindo sobre o seu papel na construção dos sentidos de si. Daí considerar as potencialidades do trabalho narrativo na produção de identidades. Segundo a autora, por meio da escrita de si é possível esboçar a experiência e suas articulações com a cultura. Em suas palavras, os indivíduos "situam ou contrastam seus relatos individualizados dentro de um amplo modelo cultural". Apoiando-se em referenciais da psicologia, Conti atenta para as relações entre as narrativas e a transmissão genealógica, evidenciando que para escrever sobre sua história, o sujeito precisa inicialmente apoiar-se naquilo que os outros referem e transmitem sobre a história das gerações que o precedem e de seus primeiros anos de vida. E, no intuito de encontrar alternativas férteis de formação e promoção da identidade, a autora ainda conduz a pensar sobre a construção de espaços de composição de narrativas autobiográficas como formas de intervenção primordial no trabalho dos profissionais em saúde, na área das ciências humanas.

Lúcia Maria Vaz Peres (Universidade Federal de Pelotas) contribui com as discussões sobre as narrativas e suas relações com a temporalidade e a subjetivação ao tematizar a escrita da memória como eco do passado, como espaço de ressonâncias simbólicas que poderão conduzir o sujeito a recriar imagens mentais e buscar novos caminhos para reencontrar a si mesmo, com vistas à reequilibração psicossocial. Segundo a autora, a investigação desses aspectos potencializa múltiplos estudos acerca dos sentidos da história singular e coletiva de cada vida.

Atentando mais para os modos como a formação é apresentada nos relatos (auto)biográficos, os artigos reunidos no segundo eixo da coletânea tratam da escola e de experiências específicas que podem aí ser identificadas. O primeiro texto, assinado por Raquel Lazzari Leite Barbosa e Sérgio Fabiano Annibal (ambos da Universidade Estadual Paulista), dá conta dos investimentos desenvolvidos junto ao Grupo de Estudos e Pesquisa em Linguagem, Ensino e Narrativa de Professores (GEPLENP), formado em 2007. O artigo apresenta atividades produzidas pelo grupo numa escola pública de Assis, cidade de São Paulo, e organiza-se em três partes: primeiramente, um relato sobre a constituição do grupo de estudos e do projeto originalmente proposto. A seguir, a ênfase se concentrou em alguns referenciais teóricos privilegiando questões sobre narrativa, memória, mediações, representações e noções sobre "campo". Na terceira parte foram analisados extratos de entrevistas realizadas com professores da escola investigada.

Maria Aparecida Bergamaschi (Universidade Federal do Rio Grande do Sul) também examina processos de formação e, no caso, evidencia experiências de grupos indígenas, os Guarani e Kaingang, cujas escolas foram impostas pelos colonizadores portugueses. Trata-se, portanto, da história de uma instituição cuja finalidade foi integrar os índios a uma suposta comunidade nacional, por meio de práticas destruidoras de seus modos originais de vida. Tal como é possível depreender da leitura do artigo, a partir de um processo de apropriação da educação escolar, conduzido por seus intelectuais e lideranças, os povos indígenas instituem a escola específica e diferenciada, que tem nas memórias ancestrais e na tradição sua principal inspiração. Se por um lado essa escola tem como função construir um "patrimônio para a interculturalidade", ensinando o "sistema do branco", por outro busca saberes e métodos tradicionais de ensino, cuja fonte principal é a "memória dos velhos".

Referindo-se ainda às memórias de índios sobre a vida escolar, Ana Alcídia de Araújo Moraes, Andreza da Silva Dorzanio, Carlos Humberto Alves Corrêa, Elciclei Faria dos Santos e Valéria Amed das Chagas Costa, todos integrantes do Grupo de Pesquisa *Formação do(a) educador(a) no contexto amazônico* (Universidade Federal do Amazonas) analisam em seu texto histórias de formação e práticas docentes escritas por seis alunos e alunas indígenas Mura, habitantes da Aldeia Murutinga, em Autazes, no Amazonas. Esse povo já ocupou a bacia do rio Madeira, mas em razão da invasão de seu território, expandiu-se e passou a ocupar terras ao longo do rio Autaz. O registro de suas histórias traz à luz reflexos de um violento contato sofrido por essa população, o que repercute em forma de preconceitos que se estende até os tempos atuais. Além de colaborar com o conhecimento das experiências desse grupo, ainda pouco conhecidas, o artigo indica as potencialidades de uma educação indígena escolar diferenciada e vivida pelos Mura no sentido de superar as dificuldades historicamente impostas ao seu povo.

Charliton José dos Santos Machado (Universidade Federal da Paraíba) analisa processos de formação vividos por mulheres em espaços e momentos específicos, apresentando resultados já alcançados no âmbito do projeto *Educação e educadoras na Paraíba do século XX: práticas, leituras e representações.* Em seu artigo, o autor discute a interface entre mulher e educação na Paraíba do século XX, explicitando as relações de gênero aí presentes. O texto dá visibilidade e voz a um sujeito que durante muito tempo foi relegado ao esquecimento nas versões da historiografia oficial ou ocupou espaços mínimos e marginalizados. Entretanto, as mulheres estudadas por Machado participaram ativamente da vida cultural e educacional da sociedade paraibana e brasileira do século XX.

As histórias e as alternativas de formação são objeto dos três últimos artigos que integram a coletânea. Marilda da Silva (Universidade Estadual Paulista – campus de Araraquara) refere-se à racionalidade da natureza do trabalho docente, sobretudo no que diz respeito ao ensino em sala de aula. A noção de *habitus* é estruturante da análise realizada pela autora quando ela atenta para as práticas de professores e alunos. Nas palavras de Marilda da Silva, há um "conjunto de ações de um professor/a ao ensinar um conteúdo constitui, esteticamente, um *habitus* professoral. E o mesmo vale para o estudante". O artigo traz contribuições importantes para entender, por meio de histórias de escolarização, como alguns elementos didáticos constituem os modos de ser e estar na escola.

Roberto Pulido Ochoa e Carmen Ruiz Nakasone (ambos da Universidade Pedagógica do México) também analisam o trabalho de professores e professoras. Eles tomam como fontes narrativas de profissionais que trabalham na cidade de Oaxaca, no México. Nesses textos, eles contam o processo de documentação e o itinerário de construção de seus projetos de intervenção. No artigo, alguns fragmentos dessas narrativas são selecionados para identificar etapas, conteúdos e a diversidade de projetos pedagógicos.

Por fim, o texto de Maria Isabel da Cunha (Universidade do Vale do Rio dos Sinos) prossegue as reflexões sobre as pesquisas baseadas em histórias de vida, assinalando a necessidade de discutir com os sujeitos das narrativas o perfil de sua narração. Nas palavras da autora, este pode ser um exercício capaz de explorar compreensões e sentimentos antes não percebidos, esclarecedores dos fatos investigados. E, ao assinalar as potencialidades das narrativas em processos de formação de futuros professores, Cunha evidencia esse tipo de escrita como um importante dispositivo de formação, que permite ao estudante recuperar sua condição de autoria, pensar sobre sua trajetória e notar a dimensão emancipadora de seu ofício. Está aqui, portanto, um dos caminhos possíveis para a construção de uma cultura docente mais fértil. É justamente esse o propósito dos textos aqui reunidos, que, conforme já se assinalou inicialmente, buscam compreender os diversos espaços e tempos da formação e apresentam perspectivas originais para o exame da pesquisa e das práticas de ensino.

*Elizeu Clementino de Souza*
Universidade do Estado da Bahia
*Rita de Cassia Gallego*
Universidade de São Paulo

# Narrativas, temporalidades e subjetivação

# Tempo social e tempos vividos: as narrativas autobiográficas e seus marcadores temporais

*Rita de Cassia Gallego*

> *"minhas lembranças não terão nenhuma ordem cronológica. (...) O que eu quero dizer é que estas são memórias do passado, do presente, do futuro e de várias alucinações. (...) Toda a minha primeira infância tem gosto de caju e de pitanga. (...) Hoje, tenho 54 anos bem sofridos e bem suados (confesso minha idade com um cordial descaro, porque, ao contrário do Tristão de Athayde, não odeio a velhice). Mas como ia dizendo: - ainda hoje, quando provo uma pitanga ou um caju contemporâneo, sou raptado por um desses movimentos proustianos, por um desses processos regressivos e fatais. (...)*
>
> *E volto a 1913 (...). Que idade teria eu? Eis o que me pergunto: que idade teria eu? Um ano, um ano e pouco, sei lá. Ou menos, talvez menos. (...).*
>
> *Era a guerra. Um ano depois, nascia mais um lá em casa. Era o sexto filho. (...) Esse irmão, que se uniria a mim como um gêmeo, ia morrer, aos 21 anos, tuberculoso. Depois da Revolução de 30, e até 35, eu e toda a família conhecemos uma miséria que só tem equivalente nos retirantes de Portinari.*
>
> *(...) Minha vida está agora dividida em dois tempos: - 'antes das chuvas' e 'depois das chuvas'"*
>
> Nelson Rodrigues, *1999, p. 11-36.*

"Primeira infância", "hoje", "volto a 1913", "Era a guerra", "um ano depois", "um ano um ano e pouco, sei lá", "depois da Revolução de 30". Tais marcos temporais utilizados por Nelson Rodrigues em suas crônicas memorialísticas, publicadas originalmente no *Correio da Manhã* no ano de 1967, mostra que o sujeito ao se narrar evoca momentos mais precisos, como o ano de 1913 e a Revolução de 30. Nota-se, também, que nem tudo é possível precisar: "Que idade teria eu? Eis o que me pergunto: que idade teria eu? Um ano, um ano e pouco, sei lá. Ou menos, talvez menos". Anos, datas, fatos históricos mais gerais ou locais, acontecimentos diversos (chuva, festas, encontros, desencontros, entre outros), precisão e imprecisão estão presentes quando se busca construir um texto memorialístico e ajudam a estruturar o fluxo das lembranças e dos tempos vividos assim como o modo pelo qual os sujeitos os exteriorizam e os ordenam, seja pela escrita, seja pela oralidade, guardadas as devidas especificidades de um e de outro. Rememoração calcada no passado, mas impregnada das vivências posteriores e do momento presente, cuja narrativa pode ou não seguir uma ordem cronológica. Ainda que cronológica, as narrativas jamais terão a regularidade do tempo social, como se percebe na epígrafe deste texto, pois novas estruturas temporais são inventadas por quem narra a partir das formas que se viveu a regularidade da passagem do tempo em anos, meses, dias, horas, minutos e segundos...

Ainda que não constituam o nosso objeto de estudo, os fragmentos das crônicas memorialísticas de Nelson Rodrigues inspiram reflexões férteis acerca da elaboração e da análise das narrativas autobiográficas por trazerem algumas características relevantes no que diz respeito às relações entre os relatos de si e a dimensão temporal. Isto porque se pretende, neste texto, chamar a atenção para a importância do exame dos marcadores temporais utilizados na construção ou elaboração das narrativas autobiográficas escritas ou orais. Ao se tomar os marcos temporais como estruturantes dos textos memorialísticos, entende-se que o estudo do modo pelo qual eles são evocados nas narrativas permite apreender a complexa relação estabelecida pelos sujeitos entre as diferentes escalas temporais configuradas socialmente e os sentidos atribuídos individualmente a cada uma delas segundo a idade, a profissão, a classe social, o gênero, o meio onde se desenvolveu etc. Para tanto, é imprescindível mobilizar contribuições especialmente da Sociologia no que concerne ao debate sobre o tempo, de modo a oferecer subsídios aos pesquisadores que têm as narrativas como fonte ou objeto de estudo para que sejam desenvolvidas coletas de dados e análises que atentem para o papel desempenhado pela dimensão temporal nos relatos autobiográficos tanto como elemento estruturante da narrativa quanto como objeto das representações contidas nesse gênero de escrita[1].

Tendo em vista tais considerações, indaga-se: como as referências individual e coletiva se fazem presentes e ancoram o que se rememora? Na leitura e análise das narrativas, mas também nos instrumentos de coleta de dados elaborados pelos pesquisadores, quais os marcos temporais estabelecidos? Como eles são representados? Em que medida as representações desses marcos temporais dos pesquisadores se antecipam ou se sobrepõem às referências trazidas pelos sujeitos que protagonizam as narrativas? De que maneira o comportamento temporal das pessoas assim como suas representações sobre o tempo influenciam no modo como realizam suas atividades e vice-versa? Tais questões inspiram as reflexões que se seguem.

Antes de mais nada, cabe lembrar que a relação entre *tempo e memória* tem sido objeto de estudo de vários pesquisadores há muitos anos, entre os quais chamo a atenção para Halbwachs (1968) e Ecléa Bosi (1973, 2003). Serão agregadas às contribuições desses autores, discussões realizadas por Elias, Thompson e Pronovost, por exemplo, sobre o caráter histórico, social e cultural do tempo com a

1. As reflexões aqui apresentadas que associam o tempo e as narrativas autobiográficas expressam os primeiros resultados dos estudos que vêm sendo desenvolvidos no âmbito do projeto interinstitucional *Pesquisa (Auto)biográfica: docência, formação e profissionalização*, que conta com financiamento da CAPES.

intenção de inspirar análises das narrativas autobiográficas que levem em conta esse referencial de organização da vida dos sujeitos. De acordo com Elias (1998), em seu célebre livro *Sobre o tempo*, cuja publicação original data de 1982, por maior que seja sua capacidade criadora, todo indivíduo constrói a partir de um patrimônio de saber já adquirido que ele contribui para aumentar. Os sujeitos são submetidos a várias temporalidades, organizadas por diversos níveis de estruturação: tempos macrossociais marcados pela escala de uma coletividade ou sociedade; tempo das organizações, estrutura relacionada ao funcionamento de uma organização; e tempo microssocial, representado pelas interações no cotidiano (PRONOVOST, 1986). É na trama desses tempos que o fluxo do passar dos dias é preenchido.

Desse modo, o tempo, para Elias, não se reduz a uma 'ideia' que surge do nada na cabeça dos indivíduos, é uma instituição cujo caráter varia conforme o estágio de desenvolvimento atingido pelas sociedades e que, portanto, oscila e é dinâmica. Isso significa que o indivíduo, ao crescer, aprende a interpretar os sinais temporais utilizados na sociedade em que vive e a orientar a sua conduta em função deles, baseando o seu relógio fisiológico num relógio social. Uma ideia fértil exposta por Elias (1998) é a de que a imagem mnêmica e a representação do tempo que um indivíduo tem dependem do nível de desenvolvimento das instituições sociais que representam o tempo e o difundem. A noção de tempo, para ele, resulta das correlações existentes entre o desenvolvimento das imposições ligadas à civilização e o desenvolvimento da determinação do tempo como capacidade social e instância reguladora da sensibilidade e do comportamento humano. De modo geral, a consciência e a percepção do tempo nas sociedades humanas se manifestam pelas medidas, marcas ou referências comuns como o registro do dia ou ano, do começo ou fim do trabalho e de outras atividades, término de acontecimentos importantes, datas de aniversário, renovação de cerimônias rituais etc. Conforme Bernard Piettre (1997), ter consciência do tempo é, antes de tudo, estabelecer marcas: entre os dias e as noites, entre as manhãs e as tardes, entre as semanas, entre as estações do ano e entre os anos.

As marcações do tempo foram impondo um modelo de racionalidade e mecanização do trabalho do homem, pois coincidem com a difusão de instrumentos de grande precisão para medi-lo. De acordo com Merton (1992, p. 301), a vida dos sujeitos é balizada por durações esperadas socialmente, que se dividem entre as que seriam formalmente prescritas, cujo exemplo mais emblemático são os calendários, e as chamadas por ele de tipo "esperado coletivamente" (MERTON, 1992, p. 301), as quais consistem em durações relativamente incertas e que são menos previsíveis do que as primeiras. Assim, a "submissão" ao tempo social e vivências peculiares desse tempo marcam a trama das nossas vidas. Conforme salienta Halbwachs, a "sucessão do tempo, sua rapidez e seu ritmo, não é senão a ordem necessária segundo a qual se encadeiam os fenômenos da natureza" e se sucedem as diversas fases da vida social. Ordem essa resultante de convenções e costumes e expressa nas divisões do tempo e na duração das partidas assim fixadas. Porém, o tempo objetivo materializado nos marcadores precisos como os calendários e relógios ganham dimensões peculiares, tal como bem sublinha Halbwachs:

> Muitas vezes o tempo faz pesar sobre nós um impiedoso constrangimento, seja porque achamos longo demais um tempo curto, porque nos impacientamos, porque nos aborrecemos, porque temos pressa para terminar uma tarefa ingrata, por termos passado por alguma prova física ou moral – ou, ao contrário, um período relativamente longo nos parece curto demais, quando nos sentimos pressionados e apressados, tratando-se de um trabalho, de um prazer, ou simplesmente da passagem da infância à velhice, do nascimento à morte. Ora desejaríamos que o tempo corresse mais depressa, ora que se arrastasse ou se imobilizasse (HALBWACHS, 2006 [1968], p. 113).

Em sentido semelhante, Pomian (1993) destaca que sensações como "o tempo passa devagar ou rápido demais" significa que uma mesma pessoa, em condições diferentes, percebe os dias, as horas e os minutos, que são quantitativamente idênticos, de maneira qualitativamente distinta. O mesmo autor distingue os seguintes tempos – individuais: biológico e psicológico; coletivos: solar, religioso e político; físico, ou dito de outra forma, tempos da natureza (biológico e físico) e sociais todos os outros.

As considerações feitas por Halbwachs e também por Pomian levam-nos a indagar: o que é o tempo? Santo Agostinho reagia assim a tal questão: "Se ninguém me pergunta, eu sei, mas se me pergunta e se quero explicar, eu não sei". Pronovost (1986, p. 8), baseado em Mircea Eliade (1967), observa que o tempo é uma das figuras mitológicas mais importantes, pois as diversas culturas tiveram a necessidade de definir uma concepção de princípio e de fim, bem como de tentar explicar a duração das coisas, por diferentes mitos de regeneração ou de purificação. Não existe uma única resposta tampouco consenso entre aqueles que se dedicam ou se dedicaram a pesquisas acerca do tempo. Esse foi e é objeto de estudo de áreas como filosofia, astrofísica, neurofisiologia, psicologia e sociologia, entre outras, que ainda se questionam sem poder, muitas vezes, o definir, uma vez que se trata de uma noção paradoxal: o passado não é mais, o futuro está por vir e o presente não pode se apreender exatamente (BRIGAUDIOT & FALAIZE, 2002, p. 7). A partir das observações de vários teóricos – entre os quais cabe destacar Durkheim, Pronovost, Pomian, Thompson e Von Martin[1] –, é possível afirmar que o tempo é um sistema de referências que estrutura a vida social,

---

1. Estes teóricos realizaram estudos referentes ao tempo no âmbito da sociologia e história e contribuem para a compreensão do tempo enquanto categoria social do conhecimento. Mostram, entre outras coisas, que o tempo, tal como é vivenciado nas sociedades ocidentais industrializadas, tem uma história e como o surgimento do relógio, por exemplo, contribuiu para a mudança da relação do homem com o tempo, o qual passa a ser medido com precisão. Além disso, evidenciam que cada sociedade tem uma forma de representar o tempo.

das instituições e da identidade dos indivíduos. O tempo é uma categoria social de pensamento e consiste, dessa maneira, em um produto de cada sociedade. Tabboni (2006), em seu livro *Les temps sociaux*, sublinha que a vida do homem se desenvolve numa teia de convenções e, nela, o tempo, talvez, seja o mais importante. Já Jacques Attali (1982), em seu estudo clássico acerca das *Histoires du temps*, concebe o tempo como uma "fantástica ambição do homem, fabuloso mistério da natureza", sendo o tempo sempre duplo, pois ele transcorre e recomeça. "E sempre ambíguo: tempos múltiplos das múltiplas histórias das coisas e dos homens: mas ainda tempo único em todas as sociedades". Por toda a parte, consiste num instrumento capaz de conseguir este enraizamento dos rituais e numa ferramenta do controle social (ATTALI, 1982, p. 11). Esse autor, em poucas linhas, destaca os principais aspectos que expressam a complexidade do estudo do tempo, ressaltando o seu caráter único e múltiplo, bem como o fato de ser um instrumento de controle social.

Numa perspectiva semelhante, Elias (1998) definiu o tempo como um instrumento que integra, normatiza a vida das pessoas e exprime valores. As sociedades humanas transformam suas experiências de mudanças em tempo. Segundo Elias, a determinação do tempo recai na capacidade humana de relacionar duas ou mais sequências diferentes de transformação, sendo que uma serve de escala de medida de tempo para a outra ou as outras. Nesse sentido, a palavra *tempo* designa simbolicamente as relações que um grupo humano dotado de uma capacidade biológica de memória ou de síntese, estabelece entre dois ou diversos processos, sendo um normatizado para servir como referência aos outros (ELIAS, 1998). O mesmo autor chama de tempo um

> quadro de referência do qual um grupo humano (...) se serve para erigir, em meio a uma seqüência contínua de mudanças, limites reconhecidos pelo grupo, ou então para comparar uma certa fase, num dado fluxo de acontecimentos, com fases per-

tencentes a outros fluxos, ou ainda para muitas outras coisas (1998, p. 60).

Esse quadro de referência é expresso nos calendários e nos instrumentos de medida do tempo que, associados, constituem elementos centrais em toda ordem social, conforme assinala Jacques Attali (1982, p. 35). Datar significa colocar em ordem. Cada época é caracterizada por um quadro de referências que narram o tempo. O calendário resulta de observações celestes e das exigências dos ciclos alimentares, registra o conjunto dos mitos, sobrepondo diversas tramas – a sucessão dos dias e das noites, designado pela observação de posições dos astros e a lista das festas que refaz a história de Deus, assim não é arbitrário (ATTALI, 1982, p. 38). Elias (1998) assinala que o desenvolvimento de um quadro de determinação do tempo, sob a forma de um calendário, é um bom exemplo das continuidades evolutivas que se afirmam a despeito de uma variedade de descontinuidades, tanto políticas quanto de outra ordem. Ele faz lembrar que aquilo a que se chama 'tempo' constitui uma rede de relações, bastante complexa, e que a determinação do tempo representa, essencialmente, uma síntese, uma atividade de integração. Nela, os homens tomam por padrão de medida do ritmo relativamente rápido das transformações do *continuum* social o *continuum* das alterações do céu, o qual, por comparação, parece afetado por um movimento tão lento que parece perfeitamente imutável. Foram necessários vários séculos para elaborar uma escala do calendário relativamente bem ajustada à realidade física, e capaz de fornecer um sistema de referências articulado e unificado para a sincronização dessas atividades no âmbito do Estado.

Já Teixeira (1999), chama a atenção para o fato de que os instrumentos de controle do tempo social, como os calendários, são emblemas de poder e dominação, posto que não apenas revelam, mas circunscrevem os ritmos sociais e, consequentemente, os modos de viver e de ser dos grupos em que têm origem e aos quais se destinam. Permitem a quem os define manipular o controle do tempo e do espaço, dos ritmos da vida individual e coletiva. Além de refletirem e regularem os ritmos, as alternâncias, a periodização, as continuidades e descontinuidades da vida social, os calendários apresentam, no decorrer do tempo, suas distintas significações e, assim, modos particulares de representar o fazer social. Isso porque, como atenta Tabboni (2006), o tempo social é constituído por normas que traduzem as estruturas concebidas e as escolhas realizadas pelos indivíduos que pertencem a sociedades históricas diferentes, perante a experiência do devir contínuo das coisas, que caracteriza o homem e o constitui. O tempo por si só não existe ou não possui valor, são os homens que atribuem ao tempo significação e valor.

Essa dimensão é discutida de maneira exemplar por Thompson (1998) em seu perspicaz estudo do tempo. Esse autor demonstra bem as relações entre o desenvolvimento de instrumentos de medida mais precisos, as transformações ocorridas nos modos de produção com o sistema capitalista e as mudanças nas relações com o tempo, o que desencadeou alterações na própria cultura e sistema de valores. Na ausência do relógio, por exemplo, a pressa era vista como uma falta de compostura combinada com "ambição diabólica". Não havia horas precisas para fazer as refeições e compromisso com hora marcada era algo desconhecido. Segundo Thompson (1998), as relações com o tempo são significativamente alteradas quando o tempo passa a significar dinheiro: "o tempo é agora moeda: ninguém passa o tempo, e sim o gasta" (1998, p. 272). O empregador passou a controlar o tempo dos trabalhadores para que não houvesse desperdício. O uso econômico do tempo instala a crítica social do ócio, da impontualidade, da irregularidade, do mau uso do tempo. Além disso, o relógio ganha diferentes sentidos nas relações sociais. A vida social conforma-se a modalidades temporais de duração obrigatória que, para serem respeitadas, são acompanhadas de sanções precisas e implicam reações de surpresa ou desaprovação. A regularidade temporal de cada atividade impõe horários precisos. As atividades cotidianas passam a ser planificadas segundo um emprego do tempo que atribui a cada hora suas funções. É estabelecida, também, uma idade certa para começar cada tarefa. Desse modo, a vida social ganha um desenvolvimento temporal rítmico marcado pelas horas, pelo dia, pela semana, pelo mês e pelo ano.

Entretanto, é importante chamar a atenção para o fato de que mesmo a definição quantitativa do tempo, delineada nas sociedades modernas, é qualitativa uma vez que há predominância de determinados sentidos culturais sobre outros, segundo indicado por Tabboni (2006), ao retomar os trabalhos de Sorokin e Merton (1937). Isso quer dizer que ao mesmo tempo que há certas regularidades promovidas pelo calendário, há uma simultaneidade de tempos e ritmos. Os diferentes tempos, com frequência heterogêneos e contrastantes, co-habitam e interagem. Quanto mais complexas as sociedades, mais heterogêneos são os tempos, mais os tempos sociais se diversificam e se multiplicam. Os tempos da família, da escola, da política, do amor e das amizades, quase sempre, baseiam-se em normas distintas. Tais tempos sustentam-se em experiências diferentes e são diferentemente representados já que pressupõem valores que, muitas vezes, não coincidem (TABBONI, 2006, p. 29). O modo pelo qual se mede o tempo está diretamente relacionado às atividades e aos interesses, às experiências e aos instrumentos conhecidos pelas sociedades e grupos. Tais considerações são pertinentes, pois significa que a precisão temporal, inaugurada com a difusão dos relógios que alterou significativamente as relações sociais em cada sociedade de uma forma específica, não é generalizada para todos os grupos sociais. Há locais onde a medida do tempo tem outras características. Em certas comunidades de pequenos agricultores e pescadores, por exemplo, conhece-se o tempo pela direção do vento, sendo as horas indicadas pela sombra no chão da cozinha das casas, construídas levando em conta essa direção, ou seja, as referências temporais ainda são pautadas pelo tempo da natureza (cíclico) (Tabboni, 2006, p. 21).

Nesse sentido, a retomada de um estudo clássico realizado por Evans-Pritchard também traz elementos relevantes para não incorrermos ao equívoco de generalizarmos as representações temporais para todos os grupos sociais. Segundo destaca Pronovost (1986), o antropólogo Evans-Pritchard, ao realizar um estudo durante os anos 30 do século XX sobre uma população do Sudan, os *Nuers* (1968), nota a existência de dois tipos de tempo: o ecológico e o estrutural. O primeiro diz respeito às relações com o meio e o segundo refere-se às relações mútuas no interior da estrutura social. Notou-se que o tempo estrutural predomina sobre o tempo ecológico (o ano, as estações, as condições climáticas etc.), visto que este é modulado e interpretado pelo sistema do tempo estrutural. O tempo, para os *Nuers*, é uma relação entre as atividades, já que o cálculo dos períodos e dos ciclos se faz pela identificação das atividades de significado particular para o grupo: acontecimento memorável, festa, guerra, colheita etc. Assim, o tempo para esse grupo é uma sucessão de atividades significativas; seu calendário faz menos uso dos nomes dos meses para datar os acontecimentos que da referência a alguma atividade notável (PRONOVOST, 1986, p. 8). Essas atividades são significativas segundo a percepção dos diferentes grupos sociais, ou seja, cada grupo que forma o povo dos *Nuers* tem seu próprio modo de definir e reter o que é marcante a seus olhos; assim, a percepção do tempo refere-se a um ponto de vista local. Existe, também, um sistema de referência comum e uma maneira de ordenar o tempo e de definir o ritmo da comunidade, fundada nas atividades próprias às diversas classes de idade, assim como na conotação temporal ligada às linhagens de ascendência e descendência (PRONOVOST, 1986, p. 8).

Mediante o que se discutiu até o momento, é imprescindível perceber as relações e as distinções entre o tempo cronológico, *chronos*, e o tempo vivido, *kairós*, que contorna a irreversibilidade do tempo físico e nega o determinismo ao progresso como constituinte necessário de todo processo social (ELIAS, 1998). Essa distinção é nuclear para compreender a relação das normas, que procuram homogeneizar hábitos e comportamentos, com os modos pelos quais elas são vividas. Por mais que estejam no mesmo espaço e mesmo tempo, é preciso considerar os sentidos que os sujeitos atribuem às normas. Tabboni (2006) defende que não existe uma oposição entre os tempos quantitativos e qualitativos, tampouco entre um tempo cíclico e um linear ou ainda entre um tempo que se manifestaria como experiência interior ou duração como dado matemático objetivo. Existem atitudes e comportamentos diversos do indivíduo que vive em sociedade, o qual mediante as mudanças e experiências sociais, enfrenta e organiza tais mudanças. Assim, para Tabboni (2006), os tempos qualitativo e quantitativo não existem em realidade, mas ajudam a elucidar as distinções que compõem os tempos sociais.

Esse tipo de observação é particularmente importante quando se volta a atenção para a produção de narrativas autobiográficas uma vez que essas se desenvolvem "no tempo, falam no tempo e do tempo, recuperando *na própria voz* o fluxo circular que a memória abre do presente para o passado e deste para o presente" (BOSI, 2003, p. 45). Ao narrar a sua história lembranças são evocadas num "desejo de explicação", conforme sublinhado por Bosi (1994, p. 419). Para lidar com o denso material presente nas memórias, com as lacunas e desvios, são criados marcadores para organizar e apresentar as vivências de forma sistemática e de maneira mais clara possível. Sobressaem-se os diferentes tempos: da infância, da juventude, da vida adulta, da velhice. E, nesses, uma trama de tempos vividos se faz presente. Lembra-se num tempo concreto e social, do contrário não seria possível abarcar lembranças e não constituiria a natureza humana, como sublinha a mesma autora.

Ainda segundo Ecléa Bosi (2003), ao reviver momentos cruciais de sua vida, quem narra lembra dos momentos vividos, "é a melodia do passado interpretada pelo presente" (p. 48). A duração do relato coincide com o Tempo relembrado que assim é intuído por dentro, mas a pessoa reflete sobre "o tempo que lhe aparece como luz atrás de um pano esgarçado" (BOSI, 2003, p. 45). Ao se narrar, é criada uma nova ordem, uma cronologia própria ancorada nos marcos sociais. Estabelecem-se relações, abre-se uma brecha entre o aqui e o agora e o tempo da narrativa antes mesmo do início da narrativa oral ou escrita. Nesse momento, há um retorno, descobertas, redescobertas, ressignificações, portanto, não se trata somente de acionar o passado de alguém, mas as representações criadas pelo sujeito sobre as suas vivências.

Narrar-se é sistematizar os tempos vividos sem a precisão dos minutos do relógio, mas do tempo interior. A princípio, o processo de se narrar pode parecer uma mera disposição a pensar de forma retrospectiva como se pudéssemos ativar algum botão e nos colocar frente ao calendário de um dado ano, frente a momentos de nossa vida e que esses se postariam em nossa frente com uma clareza otável. Entretanto, esse processo de produção de uma narrativa cujo protagonista é o *EU* recupera aspectos que são fruto do tempo narrativo, tempo do passado permeado das impressões do presente, por isso pode-se afirmar que a narrativa final traz vários *EUS*. São realizados inúmeros desprendimentos, afastamentos e apoios em diferentes marcos (calendário escolar, familiar, grupo de amigos, religião etc.).

Tais aspectos da relação com o tempo presente na elaboração da narrativa autobiográfica devem ser levados em conta no trabalho de pesquisa com memórias. Inicialmente, cabe considerar a articulação existente entre a vida do sujeito que narra e os tempos sociais uma vez que a vida em sociedade implica em que todos entrem em acordo no que concerne aos tempos e às durações. Porém, o fato de haver uma representação coletiva do tempo não significa que todos os grupos e todos os sujeitos têm as mesmas durações e partilham dos mesmos sentidos nas vivências das convenções sociais. A análise precisa atentar para as tramas constituídas num jogo entre a objetividade e a subjetividade, por isso é salutar que não se tome o que temos como parâmetro dos marcos temporais compartilhados socialmente como referência absoluta na condução das análises. O tempo que é dividido da mesma forma para todos os membros da sociedade ganha singularidades segundo o gênero, a classe social, o espaço social em que se vive entre outras inserções do sujeito. Dessa forma, a atenção na coleta de dados e na análise desses é essencial no trabalho com memórias, pois os sentidos dos objetos e instituições sociais não são generalizáveis. Ser criança, adolescente, adulto, idoso assim como as funções da leitura, da escrita e da própria escola ganham sentidos bastante diferenciados quando se trata de outras gerações e de pessoas que vivem em outros grupos, por exemplo. O desafio é alcançar os tempos vividos dos sujeitos que se narram, cuja análise deve primar pela articulação de informações de várias fontes (documentais e teóricas) e não transpor as nossas referências sociais e os nossos tempos vividos. Parafraseando G. Bachelard (1963, p. 139), pode-se afirmar que a vida é feita verticalmente de instantes ricamente orquestrados que se articulam entre si e horizontalmente pela cadência de instantes sucessivos. Essa imagem ilustra a complexidade do tempo que é plural e se articula entre as diferentes escalas sociais, institucionais e pessoais, tendo um caráter quantitativo e qualitativo. É um movimento constante de fazer e refazer processos e representações.

## Referências bibliográficas

ATMERTON, Robert K. Las duraciones esperadas socialmente: un estúdio de caso sobre la formación de conceptos en sociología. In: TORRE, Ramón Ramos (org.) *Tiempo y sociedad.* Madrid: Siglo Veintiuno de España Editores, 1992.

PIETTRE, Bernard. *Filosofia e Ciência do tempo.* Tradução: Maria Antonia Pires de Carvalho Figueiredo. Bauru, São Paulo: EDUSC, 1997.

POMIAN, Krzysztof. Tempo/temporalidade. *Enciclopédia Enaudi.* Lisboa. Imprensa Nacional – Casa da Moeda, vo. 29, 1993.

PRONOVOST, Gilles. Introduction: le temps dans une perspective sociologique et historique. In: *Revue internationale des sciences sociales: Temps et societés.* XXXVIII (1) 107, 1996, p. 5-10.

RODRIGUES, Nelson. *A menina sem estrela.* São Paulo: Companhia das Letras, 1993.

TABBONI, Simonetta. Les temps sociaux. Paris: Armont Colin, 2006.

TEIXEIRA, Inês Assunção de Castro. Cadência escolares, ritmos docentes. *Educação e Pesquisa*, São Paulo, v. 25, n. 2, p. 87-108, jul./dez. 1999.

THOMPSON, E. P. *Costumes em comum*. Estudos sobre a cultura popular tradicional, São Paulo: Companhia das Letras, 1998.

VON MARTIN, Alfred. La nueva dinâmica. Sociologia del Renascimiento. México: Fondo de Cultura Econômica, 1946.

# Labirintos de existências narradas: memórias familiares escritas em álbuns de bebê

*Maria Stephanou*

## Existências inscritas à posteridade

Helena , nascida em São Paulo em 1924; Heraldo Rubem, nascido no Rio de Janeiro em 1927; Claiza Joanna, nascida em Agudo em 1928; Flavio Luiz, nascido em Porto Alegre em 1940; Antonio Carlos, nascido em Porto Alegre em 1942; Paulo Cesar, nascido em Pelotas em 1943; Juan Pablo, nascido no Rio de Janeiro em 1944; Lucia Helena, nascida em Niterói em 1945; Ayrton, nascido no Rio de Janeiro em 1946; Helenice, nascida em Dona Francisca em 1948; Osvaldo Eduardo, nascido em Buenos Aires em 1948; Izabel, nascida em Belo Horizonte em 1949; Gilberto, nascido em Porto Alegre em 1950; Amaury, nascido no Rio de Janeiro em 1951; Luciana, nascida em São Paulo em 1956; Cristina, nascida em Porto Alegre em 1961; Mariana, nascida também em Porto Alegre em 1962; Paulo, nascido em Taquara em 1964, dentre muitas outras crianças, são algumas cujas existências nos primeiros anos de vida foram acompanhadas e narradas por suas mães e pais em impressos destinados ao registro escrito e conhecidos como álbuns de bebê.

Minha aproximação com álbuns de bebê aconteceu, em primeiro lugar, de forma inusitada, movida pelo interesse em estudar a presença dos discursos médicos na educação das crianças. No garimpo de sobras de um inventário familiar, na cidade de Porto Alegre no ano de 2002, em meio a outras obras, havia tocado um livro que podia ser adquirido e que guardava detalhes de um cotidiano e de uma intimidade: momentos da vida de um bebê e traços das práticas de leitura, escrita e memórias de sua mãe. Apenas intui seu conteúdo num breve folhear. Somente mais tarde, já supostamente protegida em minha casa, passei a desfrutar a contemplação, o toque e a leitura de suas páginas e dos registros à mão, caprichosamente caligrafados em diferentes páginas, ao longo de cerca de dez anos, de 1940 a 1950. Tinha em mãos um livro-álbum de memórias, oferecido pela avó materna à criança e sua mãe, intitulado O Livro de Bebê[1].

Posteriormente, uma imersão nos estudos da história da leitura e da escrita, sob inspiração dos estudos historiográficos, levaram-me a prestar atenção a esse artefato cultural, a um só tempo suporte de práticas de leitura e práticas de escrita, ambas no espaço familiar, doméstico, da vida cotidiana. Comecei, então, a amealhar álbuns de diferentes décadas do século XX. Primeiramente, interessaram-me seus textos e imagens, os protocolos de leitura, a presença massiva de discursos médicos e religiosos, as concepções de infância que proliferavam entre suas páginas. Aguçou meu interesse a constatação de uma variedade desses álbuns, a permanência expressiva da circulação de alguns deles, através de muitas reedições ao longo de cerca de cem anos, a presença de alguns álbuns quase totalmente preenchidos por registros que por vezes acompanham 15 anos da vida de um filho, as narrativas sobre aspectos cotidianos da vida familiar, costumes de um determinado grupo social, religioso, de gênero, o ardiloso e escorregadio trabalho da memória.

Os álbuns de bebê constituem artefatos culturais que junto a outras práticas escriturísticas, como as cartas, os diários íntimos, os cadernos de receitas ou as anotações junto ao calendário de parede, por exemplo, indiciam a cultura escrita de um tempo. As escritas no âmbito da vida familiar e doméstica apresentam-se singulares em suas formas e materialidades. Podemos designá-las como escrituras

1. BERNARDI, 1939. 7ª Ed.

ordinárias e atestam os múltiplos usos da escrita pessoal no passado (LYONS, 1999). Podem ser tomadas como narrativas de memórias ou escritas que tem por finalidade constituírem-se como evocadoras de memórias, ou seja inscrevem-se numa espécie de lógica do ser para a posteridade, resistindo à desaparição (ARFUCH, 2008).

Esses álbuns integram e dão acesso a práticas culturais do passado, especialmente aqueles atos de escrever que escapam à tutela direta da escola ou da Igreja, muito embora os discursos religiosos, juntamente aos discursos médicos, aí se fazem presentes de forma insidiosa. Para muitas famílias, o costume difundido de possuir e manter um álbum de bebê pode ter representado, simplesmente, uma prática social em voga, um item das prescrições ou proposições de civilidade de um tempo e que envolviam desde os artefatos do enxoval do bebê até uma minuciosa rotina de afazeres da criação e educação das crianças. Os álbuns constituem, enfim, vestígios de experiências individuais e relações sociais.

Para além das narrativas que registram a vida de uma criança, nos álbuns podemos entrever a existência de um eu pessoal daquele que escreve, seja o pai, a mãe, uma avó ou a madrinha do bebê. Chamam atenção as narrativas das mães, em se produzindo como sujeitos de uma maternidade, suas ansiedades, medos, descobertas, realizações, tarefas cotidianas, submissão ou transgressão aos papéis sociais impostos.

Algumas vezes, os álbuns de bebê foram apropriados como se fossem diários pessoais. O que dizer dos atos de escrita na vida desses escreventes? Que significados presidem a escrita nos álbuns em meio a uma rotina de trabalho, cuidados, rituais no entorno dos filhos e da família? Quais os usos e apropriações dos mesmos na vida pessoal e familiar? Dentre as narrativas confiadas às páginas brancas dos álbuns, mães e pais, como e o que escreviam? Para além dos temas propostos por esses impressos para registro sistemático, o que mais foi registrado? Há invenção de outros assuntos, registro de desejos confessos, ou apenas escamoteados, lado a lado com o preenchimento burocrático de informações protocolares?

Dirigir o olhar para um conjunto de cerca de duas dezenas de álbuns de bebê, alguns contando mais de oitenta anos, exemplares dos anos 1920 até fins do século XX, de antemão permite afirmar que, apesar da quase invisibilidade de suas escritas nos estudos acadêmicos e nas lembranças de muitos que viveram esses tempos, eu estava diante de sua inegável marca contra o esquecimento e inquietante rememoração da mortalidade, como sugere Leonor Arfuch a propósito dos álbuns de família (2008, p.42). Afinal, o trabalho de memória, este que leva o escrevente de um álbum a registrar um acontecido, é também um trabalho de luto (RICOEUR, 2007, p.457). A experiência de que o vivido não se repetirá, de que um filho vai deixando de ser bebê ou pequeno, tornando-se já o ausente e a percepção de que o tempo está a passar insinuam o gesto do registro que busca conservar. Como assegurar que o sentimento, a "coisa mais fina do mundo" nas palavras de Adélia Prado, ao menos ele, não se perca nas dobras do tempo?

Um álbum de bebê, como suporte da escrita, confere materialidade aos rastros que se deseja preservar ao esquecimento e pode ser pensado como um modo de realizar a provisão de lembranças para os dias vindouros, para o tempo dedicado às recordações (RICOEUR, 2007, p.56). Terão os álbuns por mim examinados cumprido esse desígnio?

Se a resposta for negativa para os biografados, de outra parte é afirmativa para os historiadores. A estes se impõem a leitura dos álbuns como testemunhos, escavando os meandros de seus textos, fazendo emergir vozes distintas, diferentes, opostas e mesmo incontroladas, ou ainda, incumbe a decifração de zonas opacas, dos rastros que um texto, lido ou escrito, deixa atrás de si (GINZBURG, 2007).

Os álbuns trazem consigo tempo e lugar. A memória e a escrita compõem um tecido caprichoso, um espaço singular atravessado pela temporalidade, conformado desde o passado, mas que se projeta até o porvir (ARFUCH, 2008). Como sugere Paul Ricoeur (2007), a construção do passado pela memória está sempre imbricada a um projeto de futuro. No contexto particular dos álbuns de bebê, não só porque a criança tem um futuro a sua frente, mas porque há um projeto de futuro para ela. Pude entrever nos álbuns não apenas as representações de infância de um tempo, mas sobretudo os projetos de infância com vistas à adultez, os desejos de pais e mães para o transcorrer da vida de seus filhos.

Enfim, em meio a muitas possibilidades e indagações, este é um estudo sobre artefatos culturais que se apresentam como suportes de leitura, escrita e memória a um só tempo: os álbuns de bebê. Nos limites deste ensaio, não me volto ao conhecimento da vida cotidiana que se desenrola como uma novela familiar no folhear de suas páginas, tema explorado em outros trabalhos e que se mostrou fecundo a diferentes reflexões (STEPHANOU, 2006, 2009). Procuro explorar as interseções memória e escrita biográfica, as vidas tramadas que se apresentam através de narrativas de existências, registradas para que se constituam em relíquias da vida singular do pequeno tesouro que é um filho ou filha para muitas famílias. Mas também, observar por que alguns foram diligentemente preenchidos. Terá sido para aplacar os temores ao esquecimento diante do iminente apagamento dos rastros do passado?

Nos últimos anos, vários estudos sobre escrituras ordinárias e cultura escrita vêm sendo empreendidos, passando, por exemplo, dos diários às correspondências, dos livros de razão aos cadernos de receitas[2], o que tem possibilitado o inventário de diferentes produtos gráficos, práticas de escrita e suas funções sociais nos ambientes culturais em que são produzidos e que os tornam passíveis de diferentes usos (SIERRA BLÁS, 2003). Contudo, constata-se a ausência de re-

2. Ver, por exemplo: CASTILLO GÓMEZ, António (coord.). *Historia de la cultura escrita*. Del Próximo Oriente Antiguo a la sociedad informatizada. Gijón, Espanha: Ediciones TREA, 2002 e BASTOS, M.H.; CUNHA, M.T.; MIGNOT, A.C.V. (orgs.). *Refúgios do eu*: educação, história e escrita autobiográfica. Florianópolis: Mulheres, 2000.

ferências a álbuns de bebê, dedicando-se os estudos mais aos álbuns fotográficos familiares, o que não coincide com os impressos aqui examinados.

## Memórias de família: registros em álbuns de bebê

Livros-álbuns, documentos de identidade, registros familiares, narrativas de memórias, produto gráfico, artefato cultural, documento historiográfico, os álbuns constituem impressos conhecidos no Brasil como livro ou álbum do bebê, em circulação pelo menos desde o início do século XX.

Destinados às famílias, em geral assumem o formato livro ou álbum de tamanhos variados[3]. Apresentam-se como impressos ilustrados, compostos por textos de caráter informativo e prescritivo, além de espaços reservados para registros escritos da vida de uma criança em seu desenvolvimento. Subentendem que tais registros devam ser feitos por um adulto, os pais ou pessoa próxima da criança, acompanhando seu desenvolvimento segundo uma cronologia proposta. Há diferenciações substantivas no conteúdo ou objetivo proposto, nos formatos adotados, na maior ou menor prescrição e nos usos singulares de que esses álbuns foram objeto, o que não impede que sejam pensados em conjunto.

Os álbuns se dirigem, de modo especial, às mulheres, em sua condição de mães, mas também aos homens que são pais, ambos leitores, de diferentes condições sociais, que tenham em comum o domínio das competências de leitura e escrita, pois esses impressos as demandam sistematicamente. Sugere-se que circularam em diferentes extratos sociais, considerando o expressivo número de

3. Os exemplares analisados possuem dimensões variadas. Por exemplo: 24x16,5cm. (BERNARDI, 1924); 18x13cm. (PIZA, 1940); 19x27,5cm. (TIGRE, 1945); 24x28,5cm. (*Álbum do* Bebê, 1944); 23x31cm. (*Nosso Bebê*, 1946).

reedições, a persistência de alguns títulos por mais de 80 anos e a identificação das filiações e profissões mencionadas nos álbuns examinados.

Os espaços para escrita, no mais das vezes são fartos e, além deles, há uma profusão de textos de sensibilização, normatização e informação sobre temas variados, em alguns álbuns compilados pelo autor e citados como epígrafes, transcritos para reflexão. Em todos os álbuns examinados a presença de imagens é uma constante. No Livro de Bebê de Mansueto Bernardi as imagens são reproduções de pinturas célebres, associadas à sacralidade da maternidade e à pureza da infância. Naqueles distribuídos por fabricantes de produtos infantis, junto a fotogarfias de mães, enfermeiras, médicos e bebês, figuram as imagens dos produtos comercializados e, algumas vezes, ilustrações desenhadas de objetos e personagens infantis. Nos demais álbuns, as ilustrações são desenhos de personagens e objetos associados ao imaginário acerca da infância. Textos e imagens encontram-se em relação, ora de complementaridade, ora de hierarquia ou associação. Constituem protocolos de leitura e escrita.

Dentre o corpus documental que venho reunindo e analisando[4], destaquei dezenove álbuns, com diferentes títulos, alguns em suas reedições, de modo a acompanhar distintos usos durante cerca de 40 anos, dos anos 1924 a 1964. Foram selecionados porque nesses há inscrições manuscritas de uma mãe (em 10 exemplares), de um pai (em 4 exemplares), ou de ambos (em 5 exemplares), acompanhando eventos da vida de um/a filho/a, com durações variadas, ou seja, alguns registram apenas o primeiro ano ou até o segundo ano de vida, outros empreendem registros por mais tempo, dez anos, até mesmo quinze anos da vida de um filho/a. Uns encontram-se

4. A pesquisa já reuniu mais de trinta álbuns que abarcam o período 1920 a 2000. Para a análise aqui empreendida foram selecionados apenas álbuns em que tenham sido feitas inscrições escritas de seus proprietários iniciais, de modo que muitos exemplares sem registros escritos não foram considerados. Também optei pelo período 1924 a 1964 de modo a circunscrever a análise.

completamente preenchidos, outros com preenchimento parcial e outros ainda apenas com uma ou duas páginas anotadas.

São nove os títulos examinados: *O Livro de Bebé*, de Mansueto Bernardi (crianças nascidas em 1924, 1927, 1928, 1940, 1942, 1943, 1964), *O Livro das Mãezinhas*, de Wladimir Piza (criança nascida em 1941), *Álbum do Bebê*, sem autor, com ilustrações de Guilherme Walpeteris (crianças nascidas em 1944, 1946), *Meu bebê, livro das mamães*, de Bastos Tigre (criança nascida em 1945), *Nosso Bebê*, sem autor (nascimentos em 1948, 1949, 1951), *Recuerdos felices de mi vida*, sem autor (criança nascida em 1948), *Para as mães*, publicado pela Nestlé (criança nascida em 1950), *Meu primeiro ano*, publicado pela Johnson & Johnson (crianças nascidas em 1956 e 1962) e *Meu herdeiro: O Livro do Bebê*, de Henriqueta Loureiro (nascimento em 1961)[5].

Os álbuns possibilitam pensar as práticas do ler e do escrever no âmbito doméstico, pois todos contêm textos impressos, literários, informativos, religiosos, médicos, que visam formar os pais para o cuidado e educação da criança no lar e na sociedade. Além disso, como referi anteriormente, possuem espaços especialmente editados para a escrita de eventos da vida de uma criança em seus primeiros anos. De certa forma, os registros propostos inscrevem em uma temporalidade a vida de um sujeito, mas também de seus pais, familiares, comunidade de pertencimento, localidade. No transcurso do tempo, acabam por se constituírem como relíquias, objetos cuidadosamente guardados por algumas pessoas como tesouros familiares, frágeis, suscetíveis ao desaparecimento com a morte do personagem principal ou seu progenitor, que muitas vezes é o autor dos escritos.

A análise desses álbuns, a partir dos pressupostos da história cultural, possibilita pensar o modo particular de apropriação não só

5. Na extensão deste ensaio não é possível discorrer mais detalhadamente sobre o perfil dos álbuns aqui analisados, sob o ponto de vista de sua história de produção e circulação.

dos textos, mas, sobretudo, dos espaços destinados à escrita pessoal. Os álbuns de bebê constituem impressos de circulação cultural que não estão ligados a uma leitura ou escrita institucional ou compulsória. A exemplo dos álbuns de fotografias, em suas dedicatórias pode-se ler que foram adquiridos e presenteados para se tornarem parte do enxoval dos recém-nascidos ou ofertados imediatamente após o nascimento de uma criança. Assim como os diários íntimos, acompanham a rotina diária, são reféns dos seus escreventes e daquilo que estes elegem como significativo para registro, apesar das exigências e censuras da escrita que visam impor aos seus leitores/escritores. Talvez por isso os espaços para escrita, muitas vezes são encabeçados por grandes títulos e espaços em branco em frases a serem completadas, de modo a impor uma determinada ordem e conteúdo da escrita. Vale lembrar que mesmo os eventos ou assuntos previamente definidos pelos autores dos álbuns como destinados ao registro, nem todos são registrados, assim como outros são eleitos e comparecem nas escritas.

Os tópicos, temas ou assuntos que se apresentam para registro, dependendo da extensão em páginas dos diferentes álbuns[6], podem ser em menor ou maior número. Em geral, alguns comparecem em quase todos os álbuns e correspondem a uma cronologia das fases da vida da criança, segundo a proposição de cada álbum. Os tópicos parecem atender a regras e rituais comuns que determinam sua forma e o conteúdo, bem como a convenções sociais aceitas e partilhadas nos grupos de pertencimento de seus leitores e escreventes. Destacam-se os seguintes temas no conjunto dos álbuns: dia, hora, local do nascimento; filiação; avós maternos e paternos; registro civil; primeiro banho; primeiras visitas; primeiros presentes; batismo; evolução do peso/crescimento; primeiro sorriso; primeiro dente;

6. A extensão em páginas varia: há álbuns com 128 páginas em sua 1ª edição, 232 páginas em sua 8ª edição e 207 páginas em sua 15ª edição (BERNARDI, 1924, 1942, 1981). Outros, possuem 48 páginas (*Nosso Bebê*, 1946) ou 20 páginas (*Meu primeiro ano de vida!*, 1956, 1962).

primeira palavra; doenças e vacinação; cabelos do bebê; retratos; primeiros sapatinhos; primeira papinha; primeiros passos; primeiro aniversário; primeira oração; primeira comunhão; amiguinhos; primeiras lições; brinquedos; primeiros passeios. Apesar da proposição e prescrição desses temas de registro e da ordenação proposta, os escritos dos álbuns produzem outras ordens. Afinal, seguindo as indicações de Leonor Arfuch, "não há uma ordem prévia da vida que o relato venha a repor (...) senão que se trata de uma ordem construída, performativamente, no trabalho mesmo da narração" (2008, p.149).

Insisto em afirmar que, embora esses álbuns, através dos registros dos temas acima elencados, levaram-me a distinguir singularidades de vidas anônimas, também denotam hábitos compartilhados, relações intergeracionais, cotidianos e representações que definem e exprimem um tempo em que tiveram lugar as experiências anotadas. Tais anotações, a exemplo da escrita epistolar analisada por Martyn Lyons, "devem ser tratadas como fórmulas bastante codificadas, obedecendo em geral a convenções aceitas, aplicando e adaptando modelos tácitos" (1999, p.61). Em alguns álbuns, a descrição protocolar de alguns eventos vividos pela criança e sua família denotam a presença dessas fórmulas.

Aos álbuns foram acrescidos outros suportes da memória, dentre eles, variando os exemplares: caderneta de identificação de recém-nascido fornecida pelo hospital, com impressão digital do polegar da mãe e do pezinho do bebê; recortes de anúncios de jornais com participação de nascimento ou primeiro aniversário e demais; folhinha destacada de calendário impresso correspondente ao dia, mês e ano de nascimento; telegramas de felicitações recebidos pela família ou criança pelo nascimento ou aniversário; cartão de participação de nascimento da criança; mecha de cabelo do bebê; retratos; santinhos de batismo ou comunhão; carteira de vacinação; receita médica ou boletim de atendimento em pronto-socorro; nota publicada em jornal em agradecimento às orações pelo restabelecimento da saúde da criança; participação de nascimento de irmãos;

roteiro de viagem; bilhete de passagem rodoviária; primeiro desenho realizado no jardim de infância; recibos de pagamento da mensalidade escolar; poema datilografado e presenteado à criança e sua família; diploma de Primeira Eucaristia. Em alguma medida, esses artefatos visam assegurar a autenticidade das narrativas de vida, uma vez que cumprem a função de certificar as lembranças e escritos registrados (CHARTIER, 2003, p. 22). Assim, expressam um desejo de verdade do discurso que produzem, através da compilação de provas.

Além das provas, observa-se que a releitura periódica de alguns dos álbuns analisados, por exemplo por ocasião de cada aniversário da criança, levou ao registro de acréscimos, correções, fatos ou eventos que alteram a cronologia prevista.

No álbum *Livro de Bebê*, da criança nascida em 1942, os registros feitos pela mãe não seguem uma ordem cronológica rígida, pois ela faz uso intenso do álbum, retorna páginas para trás, de modo a aproveitar todos os espaços em branco para o registro de diferentes acontecimentos, mesmo que se apresentem, no conjunto dos escritos, fora da ordem cronológica imposta pelo impresso. Nesse particular, o álbum difere de um diário sequencial. Opera sob um registro descontínuo, de irrupções fragmentárias, mescladas, sem compromisso com a integralidade do vivido, mas mesmo assim, na busca da produção de uma linha de vida, de uma temporalidade, como sugere Arfuch (2008) a propósito dos álbuns de família.

## Gestos da escrita, labirintos dos singulares traçados

Qual o papel da escrita pessoal nesses suportes? Para além das variações de estilo e forma, seja pelo empenho de distinção social, seja pelo gesto afetivo de traçar as palavras sobre a existência de um filho, há uma cuidadosa caligrafia assentada nos álbuns. A caligrafia denuncia o pertencimento social, tanto quanto sua posse e acesso. Exprime, igualmente, diferentes competências de escrita, marcas de escolarização, atenção à publicização da escrita pessoal.

À exceção de um dentre os álbuns examinados, que está escrito a lápis e configura uma escrita quase imperceptível, dada a espessura e tonalidade do grafite, os demais escritos são todos confeccionados à caneta, do tinteiro à esferográfica, e deitados com esmero e precisão nas páginas oferecidas à escrita. Os borrões e rasuras são muito raros.

Alguns traçados são inconfundíveis do início ao fim de um mesmo álbum, apesar de transcorridos vários anos. Outros traçados, em sua diversidade, sugerem diferentes sujeitos que se puseram a escrever, ou um mesmo sujeito que com o tempo modifica sua caligrafia. Há referências às variações do escrevente. Alguns álbuns, anos mais tarde, recebem as marcas da própria criança biografada, que inscreve seu nome em primeiros traslados, ou alguns rabiscos e desenhos.

Frequentemente deduz-se a identidade dos escreventes pelas assinaturas do pai e da mãe apostas nas páginas de identificação ou quando, em um determinado excerto, aquele que escreve denuncia sua autoria, valendo-se da escrita na primeira pessoa do singular. Há, em alguns casos, uma espécie de partilha dos compromissos de registro: enquanto o pai realiza o registro dos tópicos mais formais, à mãe incumbe a descrição mais minuciosa e singela de cenas, situações, detalhes.

As mães dedicam-se mais à escrita, particularmente prolixa e persistente no decorrer do tempo. Também as mães são acometidas pelo desejo de se tornarem não apenas autoras dos escritos, mas personagens narradas. Nas escritas identificadas como de mães, a primeira pessoa do singular comparece, o que não sucede com os escritos paternos.

Alguns álbuns, posteriormente revisitados pela mãe juntamente com seu filho, talvez tenham sido completados por este, de próprio punho, a partir de um texto ditado oralmente pela mãe.

# Recomposição das lembranças, descontinuidade das memórias narradas

Diversos álbuns indiciam uma peculiaridade da escritura feminina, sobretudo na textura da palavra e da forma, mais além das temáticas que lhe sejam afins, como a maternidade ou o lugar da mulher no lar (ARFUCH, 2008). Seguindo as indicações de Michet Contat (1992 apud, ROBIN, 2005, p.48) podemos afirmar que nos álbuns se opera uma ficção que a mãe decide fazer de seu filho. Em alguma medida, procede a uma espécie de adoração da criança. Há uma emoção evocativa de um passado que se aloja nas imagens e narrativas escritas, porque testemunham "presenças da desaparição" (Arfuch, 2008).

Em um exemplar do *Livro de Bebê* (Bernardi, 1942), cujos registros são iniciados em 1942 e que se encontra totalmente preenchido, com uma datação que chega ao ano de 1957, acompanhando a vida do filho primogênito até seus quinze anos, observa-se o fato de que a mãe vai acrescentando, periódica e continuamente, ao longo desses anos, registros de eventos da novela familiar. Vai também atualizando anotações anteriores, pois há breves indícios de outra caligrafia da própria mãe, que sugerem inscrições em diferentes tempos.

A ênfase maior das escritas são os eventos familiares, além dos eventos religiosos e sociais em que a criança tomou parte, testemunhando práticas culturais cotidianas, relacionadas ao extrato social da família, sua filiação religiosa, além de aspectos variados, como nome de médicos da cidade e lugares de férias, hábitos de lazer, alimentares, objetos de consumo, adquiridos ou presenteados, espaços frequentados, enfim, registros que a mãe julga importantes para a composição das lembranças e reminiscências futuras.

Essa mãe anota cuidadosa e detalhadamente os festejos de aniversário de seu filho. Ao longo dos quinze anos dedica-se a relatar todos esses aniversários, colando recortes de jornais que noticiam as festas e listando extensamente os convidados e seus presentes. É quase obsessiva em descrever o tema de cada festa, que motiva a confecção do bolo e a decoração, além do local de realização da mesma, demonstrando a importância de sua autoria e coordenação nesses eventos. Observa-se a ausência de referências ao pai nesses acontecimentos. Pequenos lances da vida familiar e do lugar proeminente da mãe na esfera do doméstico. Vai, assim, registrando não apenas a vida de seu filho, mas narrando sua própria existência, sua história como mãe, suas atenções, as sociabilidades que mantém, os valores que cultiva. Essa mãe, por exemplo, registra as viagens da criança, mas o álbum é também um registro de suas viagens, é seu diário de mãe, a novela de sua experiência familiar, chegando a escrever, em diferentes momentos, na primeira pessoa do singular.

Desse modo, nos álbuns podemos entrever não apenas as memórias da vida de um bebê que cresce, mas também daquele/a que escreve e de sua família. Quando se é mãe, são narrados os processos de subjetivação dessa experiência forte e perturbadora que é a maternidade. Ao escreverem o desenvolvimento de seus filhos, as mulheres podem ser pensadas como memorialistas que contam, sim, histórias desses filhos, filhas e famílias, mas também narram a si mesmas, a um só tempo, nas tessituras das escritas ordinárias. Vivem muitos papéis: alguns a que estiveram submetidas pela força e imposição, outros que foram produzindo para si mesmas. No mais das vezes, essas mulheres e mães pegam da pena para expor a vida nas figuras esperadas dos destinos das mulheres (Chartier, 2003, p.21).

Nos álbuns registrados pelos pais podemos identificar algumas marcas singulares, como a apropriação dos mesmos para escritas pessoais com finalidades diversas àquelas do álbum. Para a criança nascida em 1927, cujo álbum é o *Livro do Bebê* (BERNARDI, 1925), o pai realiza todos os registros, em diferentes tempos, fazendo uso da caneta tinteiro. Há várias páginas em que desconsidera os limites estabelecidos, extrapolando os espaços com sua escrita. A caligrafia não é exemplar em sua legibilidade, o pai é médico. Anota várias prescrições médicas à criança à criança nos eventos que comprometem sua saúde.

O mais inusitado, porém, considerando-se a data dos registros, são os comentários jocosos sobre algumas ilustrações e fatos. Anota comentários diretamente sobre algumas ilustrações, com tom irônico e sarcástico, por vezes fazendo uso da escrita inclinada ou escrita com a página enviesada na posição horizontal. Sobre a imagem de Leonardo da Vinci, A Anunciação, o pai escreve: "Este anjo está com cara de mata-mosquitos" (BERNARDI, 1925, p.3). Em relação à reprodução da pintura de Goya, A infanta com seu bebê, escreve: "Esse amor de bebê é horrível, medonhamente feio" (p. 19). Mais adiante, para a imagem Maternidade, de Eugène Carrière, escreve: "Esta mai se parece muito com o Frei Luís, de Petrópolis" (p.38).

O pai, então, no contexto de um álbum-livro de inspiração cristã, transgride o sentido sagrado e angelical proposto pelas ilustrações associadas à maternidade e infância. E o tom jocoso também comparece onde está reservado espaço para os retratos dos pais do bebê. No espaço para fotos da mamãe, o pai desenhou uma figura de mãe e legendou-a: "Fotografia tirada em 10 de março de 1152" (p.68). No espaço reservado à fotografia do pai, traçou o desenho de um busto do pai, com gravata e costeletas, acrescentando a legenda: "Fotografia tirada em 10 de abril de 1888" (p.69).

Apesar desse tom sarcástico de alguns excertos, um acento terno e paternal comparece em outros escritos nos quais, várias vezes, menciona "meu filhinho". Uma ternura transparece sob a forma de uma conversa dirigida a seu filho:

> Não sei meu filho, se posso descrever como foi o primeiro sorriso nesta tua boquinha feita para o beijo. Tinhas poucos dias de vida – 8 apenas! E já sorrias. E que sorriso, meu Deus! É o único que fica bem numa boquinha sem dentes. (registro do pai de Heraldo Rubem apud BERNARDI, 1925, p.27)

Pode-se supor que o pai guardava consigo o álbum, talvez em seu consultório, ocupando-se em diferentes intervalos para a escrita pessoal. Nas páginas finais, reservadas para "notas", bem como na contra-capa final, lança registros contábeis, despesas, dívidas, recursos em haver, além de anotações esparsas de datas e peso/comprimento de seu filho. É uma escrita displicente, deslocada no conjunto do álbum, demonstrando os usos variados de que este foi objeto.

Embora em muitos escritos dos álbuns a forma do texto assuma o estilo da narração impessoal dos eventos da vida do outro, em outros, seguindo o exemplo dos textos impressos no álbum, a narração é feita, supostamente, pela própria criança que afirma os eventos. A mãe, então, toma a caneta e, como se fosse a voz de seu filho, põe-se a narrar:

> Passei a noite em casa de vovô. Papai e mamãe foram pª. a missa da ½ noite no Colegio e no dia seguinte vieram cedinho para brincar comigo. Almoçamos todos juntos e foi uma alegria na casa da Vovó Caju. ( Nosso Bebê, 1946)

Se o modo impessoal ou a forma de auto-narração de uma criança comparece em vários registros, há, contudo, momentos marcantes de apropriação desse lugar/momento de escrita para expressão do eu, através de manifestações como "Meu querido filhinho, hoje eu te digo..." (BERNARDI, 1942). Ou ainda, uma mãe que registra: "Querida C.! Nem sabes como me orgulho com tigo querida filinha, e sempre peço ao meu poderoso senhor com seu poder *Divino* faça-te ser o grande prazer de teus paeis" e inscreve abaixo sua assinatura inclinada (BERNARDI, 1927, p. 30). Em outro álbum, está escrito por uma mãe: "Tinha pensado primeiro em Luiz Carlos, mas como já havia muitos Carlos na família Reif, preferi o de Flavio Luiz" (BERNARDI, 1939, p. 23). Essa mesma mãe, adiante, registra: "... não anotei precisamente quando deu seu 1° sorriso" (Ibid., p.33). Ou, "já estava apreensiva por tardarem tanto a sair os dentinhos de

Flávio Luiz, mas o médico me apaziguou, dizendo que até era melhor saírem mais tarde por saírem mais fortes" (Ibid., p.49).

Expressões de sentimentos como apreensão, alegria, satisfação ou mesmo temor ficaram registrados:

> Eu dei banho só depois do 1º mês. Tinha muito medo. O banho era dado ligeiro. (...) No 1º dia Vinícius só ganhou chá. No 2º dia já mamou, tive bastante leite. Ele não foi custoso para pegar o peito. Quando vim para casa, fiquei sem empregada. Então, de arrumar a casa e lavar umas peças de roupa, logo perdi o leite e Vinícius ficou muito gripado, pois ia almoçar lá na mamãe todos os dias e levava o nenê. Eram dias frios e úmidos. (BERNARDI, 1964, p.17, 20-21)

Alguns álbuns, para além dos marcos cronológicos impressos, possuem notas escritas que se preocupam em registrar datas precisas ou outras indicações temporais, associadas ao ano, ao dia, às estações ou à idade da criança.

Enfim, muitas outras digressões poderiam ser aqui tecidas acerca dos álbuns de bebê, suas materialidades como suportes da escrita, suas possibilidades de enunciação, as censuras e permissões que ensejam. Ressalto o quanto possibilitam acessar indícios históricos da configuração narrativa de identidades e memórias. O quanto expressam experiências de instauração do eu e do outro (mãe e filho / pai e filho) e da identidade familiar através da narrativa.

A análise dos álbuns de bebê, seja considerando sua materialidade, seja por seu conteúdo como texto e discurso, possibilita, em alguma medida, "considerar a cultura escrita no seu todo e apagar as fronteiras excessivamente herméticas que as tradições de estudo ergueram entre leitura e escrita, objetos manuscritos e publicações impressas" (CHARTIER, p.23). Nos álbuns de bebê práticas de leitura e escrita encontram-se indissociavelmente ligadas.

## Álbuns, escritas pessoais, narrativas de memórias: reminiscências revisitadas

O livro de Leonor Arfuch, Crítica cultural entre política e poética (2008), entre outros estudos de diferentes autores, contribuiu decisivamente à mirada dirigida aos álbuns de bebê e à escrita deste ensaio. Sugeriu que fossem lançadas algumas hipóteses e reflexões, em especial acerca da escrita contida nesses álbuns, concebida, então, como experiência de instauração do eu através da narrativa, expressão de um desejo de autenticidade do testemunho, que no caso das mães chega mesmo a ser investido de sacralidade. Os álbuns emergem do mais profundo e privado e, ao mesmo tempo, indiciam um coletivo.

Se alguns álbuns foram fartamente documentados, preenchidos, manuseados, acompanhados ao longo do tempo na mesma intensidade que um filho foi obstinadamente velado, as censuras da memória, esse movimento caleidoscópico que faz com que as reminiscências sejam composições imperfeitas, obriga considerar que "sempre haverá algo inalcançável, irredutível aos relatos" (ARFUCH, 2008), porque a história de todos e de cada um é uma história descontínua, plural, mutante em seus significados.

Em meio a diversos álbuns que amealhei no decorrer dos últimos anos, procurei nas páginas, sobre as páginas, entre as páginas, em seus arranhões e esfoladuras, entalhes e pequenos detalhes, marcas do tempo e ângulos dos usos, alturas, larguras, profundidades, vazios e ausências, enfim, nos registros das palavras, nos santinhos, telegramas, certidões, vestígios das escritas pessoais no cotidiano da família, rastros das memórias tornadas públicas em detrimento de outras omitidas, esquecidas, descuidadas. Tenho procurado preservá-las em sua inteireza, mesmo que para examiná-las produza arranjos e desarrumações cuidadosas, movimentos sensíveis do olhar.

> O seu segredo é o modo pelo qual o olhar percorre as figuras que se sucedem como uma partitura musical da qual não se pode modificar ou deslocar nenhuma nota. (CALVINO, 1999, p.19)

Meu olhar e minha leitura constante das delicadas caligrafias inscritas nesses álbuns se embeberam como uma esponja das centenas de páginas, dos devaneios e imaginação de cenas narradas, personagens, situações, afetos, alegrias e tristezas descritas, perfumes, sabores, texturas e lugares registrados. Deparei-me não somente com as representações de infância, família, maternidade, mas também com as práticas de escrita, a tênue tessitura das memórias para o outro que, a um só tempo, são as próprias memórias daquele que escreve, construídas na relação com o outro que é narrado em seu desenvolvimento, através do olhar de mãe ou de pai.

Os registros são marcados por muitos sentidos expressos em páginas breves ou em longas anotações que se sobrepõem a imagens impressas, percorrem as margens, saltam páginas, criam erratas, aproveitam espaços para realizar cálculos, interrompem frases, usam reticências e prosseguem em espaços não previstos para tal, mas roubados nesse ato de tornar próprio e de inventar aquilo que não era a intenção dos álbuns. De alguma forma, aqueles que lêem e escrevem nesses álbuns os tornam semelhantes a si mesmos, fazem-nos próprios, apropriam-se do suporte da leitura e da escrita (CERTEAU, 2002, p.261). Que sucede quando o álbum previamente destinado ao registro da vida de um filho é transformado, em alguma medida, no artefato de registro de própria experiência daquele que escreve, em se fazendo mãe/pai?

Algumas narrativas evidenciam o romantismo que envolve a maternidade e a infância. Em certa medida, constatei a presença de outros textos e discursos que no tempo da escrita e da leitura dos sujeitos escreventes narravam a família, a paternidade e a maternidade, a criação dos filhos. Se minha leitura consistiu em "ler o outro", posso afirmar que aí percebi as relações de subordinação das mulheres aos papéis sociais que lhes eram impostos. Contudo, encontrei evidências de percursos de vida singulares, incomuns para o tempo em que foram produzidos.

Por fim, vale lembrar que as narrativas de memória são narrativas de identidade. Os pais, as mães, os dois juntos ou cada um a sua vez, exprimem, nesses álbuns e através de seus escritos, composições de lembranças e esquecimentos que intentam dar sentido à vida passada e presente de seus filhos, mas também as suas próprias vidas (THOMSON, 1997; 2002). As experiências narradas são continuamente recriadas, para atender a padrões sociais, para compor um passado com o qual seja suportável conviver (Ibid.). Haverá maior expressão dessa necessidade, naquele presente, ou no futuro que se anunciava para aqueles pais e mães, escreventes dos álbuns a serem legados aos filhos?

## Referências bibliográficas

*ÁLBUM do Bebê*. São Paulo: Livraria Editora Pauliceia, 1944.

____. São Paulo: Livraria Editora Pauliceia, 1945. 3ª ed.

ARFUCH, Leonor. *Crítica cultural entre política y poética*. 1ª ed. Buenos Aires: Fondo de Cultura Económica, 2008. 224 p. (Sociología).

____. Cronotopias de la intimidad. In: ARFUCH, Leonor et al. (Org.). *Pensar este tiempo* – Espacios, afectos, pertenencias. Buenos Aires: Paidós, 2005. (p. 237-290)

____. *El espacio biográfico*. Dilemas de la subjetividad contemporánea. 1ª Buenos Aires: Fondo de Cultura Econômica, 2002. 272 p.

BERNARDI, Mansueto. *O Livro de Bêbê*. Porto Alegre: Livraria do Globo, 1924.

____. *O Livro de Bêbê*. Porto Alegre, Livraria do Globo: 1925. 2ª ed. melhorada.

____. *O Livro de Bêbê*. Porto Alegre, Livraria do Globo: 1927. 3ª ed. melhorada.

____. *O Livro de Bêbê*. Porto Alegre, Livraria do Globo: 1939. 7ª ed.

____. *O Livro de Bêbê*. Porto Alegre, Livraria do Globo: 1942. 8ª ed.

____. *O Livro de Bêbê*. Porto Alegre, Livraria do Globo: [1964].

CALVINO, Ítalo. *As cidades invisíveis*. São Paulo: Companhia das Letras, 1999. 12ª reimpressão.

CERTEAU, Michel De. *A invenção do cotidiano*: 1. Artes de fazer. Petrópolis: Vozes, 2002. 8ª ed.

CHARTIER, Roger. Prefácio: Mulheres de papel. In: LACERDA, Lilian de. *Álbum de leitura*: memórias de vida, histórias de leitores. São Paulo: Editora UNESP, 2003. pp.17-24.

GINZBURG, Carlo. *O fio e os rastros*. Verdadeiro, falso, fictício. São Paulo: Companhia das Letras, 2007.

LACERDA, Lilian de. *Álbum de leitura*: memórias de vida, histórias de leitores. São Paulo: Editora UNESP, 2003.

LOUREIRO, Henriqueta. *Meu herdeiro. O Livro do Bebê*. s.l.: Livraria Tupã, s.d. [1961].

LYONS, Martyn. Práticas de leitura, práticas de escritura. Cartas de amor e escritas íntimas – França e Austrália, século XIX. In: LYONS, M.; LEAHY, C. *A palavra impressa*. Histórias da leitura no século XIX. Rio de Janeiro: Casa da palavra, 1999. 136p. p. 59-75.

*MEU primeiro ano de vida*. São Paulo: Johnson & Johnson, s.d. [1956; 1962].

*NOSSO Bebê*. São Paulo: Assunção, 1946.

____. São Paulo: Edições LEP, s.d. 3ª ed.

*PARA as mães*. Rio de Janeiro: Nestlé, Companhia Industrial e Comercial Brasileira de Produtos Alimentares, s.d. [1950].

PIZA, Wladimir. *O Livro das Mãezinhas*. São Paulo: Departamento de Saúde do Estado de São Paulo, 3ª ed.

PRADO, Adélia. *Ensinamento*. Disponível em http://www.revista.agulha.nom.br/ad.html#ensi

RICOEUR, Paul. *A memória, a história, o esquecimento*. Campinas: Editora da UNICAMP, 2007.

*RECUERDOS felices de mi vida*. Buenos Aires: LMP Editores, 1944.

ROBIN, Régine. La autoficción, El sujeto siempre em falta. In: ARFUCH, Leonor (comp.). *Identidades, sujetos y subjetividades*. Buenos Aires, Prometeo Libros, 2005. 2ª ed. p.45-58.

SIERRA BLÁS, Verônica. *Aprender a escribir cartas*. Los manuales epistolares en la España contemporánea (1927-1945).Gijon, Espanha: Ediciones TREA, 2003.

STEPHANOU, Maria. Sacralidade e pureza em imagens: leituras do livro do bebê para a educação das mães. *III Simpósio Nacional de História Cultural* – ANPUH. Florianópolis, Imprensa Universitária UFSC, 2006.

____. Notas da infância: memórias familiares e escrituras ordinárias em álbuns de bebê. *IX Congresso Iberoamericano de História da Educação Latino-americana*. Rio de Janeiro, UERJ, 2009.

TIGRE, Bastos. *Meu Bebê. Livro das Mamães*. Rio de Janeiro: Minerva, 1945. 8ª ed.

THOMSON, Alistair. Recompondo a memória: questões sobre a relação entre a história oral e as memórias. In: *Revista do Programa de Estudos Pós-Graduados em História* do Depto. de História da PUC/SP. São Paulo, n.15, abr. 1997, pp.51-84.

_____. Histórias (co) movedoras: História oral e estudos de migração. *Revista Brasileira de História*. São Paulo, v.22, n.44, 2002, pp.341-364

# Abordagem narrativa em psicologia: articulações entre transmissão genealógica e narração da experiencia de si

*Luciane De Conti*

## Introdução

Na segunda metade do século XX, houve um movimento denominado *virada lingüística* que redimensionou a concepção de linguagem presente até então no debate filosófico. Esta passou a ser compreendida não mais como uma representação do pensamento, mas sim como aspecto nuclear da constituição subjetiva da pessoa, à medida que estabelece o elo entre a ordem do psicológico e a da cultura, por meio dos significados (Lopes de Oliveira, 2006; Correia, 2003). Com isso, segundo Brockmeier e Harré (2003), evitamos as falácias representacional e ontológica, cujas premissas estão na concepção de que há uma realidade externa ao indivíduo para ser representada na mente e que a linguagem é uma forma de externalização do pensamento interno. A ênfase, assim, está no discurso e na construção de significados realizada a partir das práticas discursivas interacionais e dialógicas.

Os efeitos desse movimento se fizeram sentir, segundo Bruner (1997), também na Psicologia, resultando na chamada Segunda Revolução Cognitiva. Um dos aspectos centrais dessa revolução foi defender a produção de significados como a unidade básica de análise do campo psicológico, tendo como pilares as ideias de Vigotski, Leontiev, Luria e Bakhtin. A base do pensamento histórico-cultural em Psicologia é, conforme Lopes de Oliveira (2006), a visão de que o fenômeno psicológico deve ser compreendido em sua gênese, no processo de sua formação e transformação, na linha do tempo. É nesse contexto histórico que a narrativa passa a ter um papel central nos estudos em Psicologia que se filiam ao paradigma hermenêutico e aos pressupostos da psicologia histórico-cultural. Nessa perspectiva, a narrativa é a forma de esboçar a experiência temporal humana que, por sua vez, está articulada em nossa cultura de modo narrativo. Ao construir suas narrativas, os indivíduos situam ou contrastam seus relatos individualizados dentro de um amplo modelo cultural.

Benjamin (1935/1983) e Ricoeur (1983/1994; 1984/1995) afirmam que a forma narrativa contemporânea não se caracteriza por uma sequência cronológica linear, mas sim pela sucessão entre os elementos constituintes da narrativa, que somente adquirem significação a partir do lugar que ocupam no enredo narrativo. É a ordenação que permite a construção de sentidos acerca do evento narrado, dando coerência, embora provisória, à experiência colocada em cena pela narração. Essa coerência é construída através do enredamento narrativo, que transforma a discordância em concordância e, assim, define uma ação como una e completa. Esse movimento lógico que visa dar sentido ao inusitado é representado por Ricoeur através da tríplice mimesis, a qual é composta pelos tempos prefigurado, configurado e refigurado. Ou seja, há um contexto que configura ou enquadra o texto enunciado, o texto em si e o efeito deste sobre o receptor da mensagem, o que permite uma refiguração da narrativa.

Essa dimensão da mimesis aponta para um aspecto crucial da composição narrativa: é necessário algo ou alguém para endereçar a mensagem, pois esse endereçamento também é constitutivo da configuração do que foi narrado uma vez que o efeito do fato narrado sob o receptor da mensagem também produz no emissor uma reação que pode ou não exigir dele uma ressignificação. A pesquisa em narração autobiográfica no cotidiano de sua composição revela que a qualidade, o valor, o detalhe e o arranjo dos episódios recontados dependem da pessoa para quem a história é contada, do contexto da narração e do objetivo do narrador no momento de contá-la (Lopes de Oliveira, 2006).

Podemos dizer, então, que há sempre a possibilidade de uma nova composição narrativa a fim de construir outro sentido ao que já estava constituído. Assim, uma narrativa não é só enunciado, mas também enunciação, portanto uma modalidade de discurso tendo em vista que o que é narrado é sempre a vida e esta, como tal, não forma por si mesma uma totalidade de sentido, mas totaliza-se pela narração. Porém, o sentido do tempo vivido é sempre resultado de uma interpretação, nunca um dado imediato. Nesse sentido, a abordagem narrativa da experiência de si envolve a consideração de matiz relativista de que o conhecimento que as pessoas constroem sobre si mesmas é produzido de forma negociada e dependente dos contextos de interação social (Brandão e Germando, 2009). É nesse espaço de negociação de sentidos que as narrativas de si são construídas, estando engendradas ao contexto social mais amplo e a uma história que antecede ao próprio sujeito. Esta história é transmitida a ele no contexto das práticas discursivas cotidianas.

É a partir desse universo teórico que pretendemos, nesse texto, traçar breves linhas acerca da composição narrativa, em especial da narração das experiências de si, e seu papel no trabalho de formação da pessoa. Para isso, delimitaremos o processo de constituição das narrativas autobiográficas ancoradas na transmissão e memória genealógicas, para posteriormente apontarmos, genericamente, a importância da construção das narrativas de si como ferramenta de intervenção na práxis profissional.

## Constituição das narrativas de si e transmissão genealógica

As interações nas quais as composições narrativas são construídas acontecem nas primeiras trocas entre a criança e os adultos responsáveis por ela. É a partir destas primeiras significações que a criança poderá mais tarde encontrar recursos para construir suas próprias concepções de mundo e organizar um certo saber a respeito daquilo que lhe foi transmitido como referência. As marcas desta origem podem trazer efeitos simbólicos diversos no processo de subjetivação de cada sujeito. Este processo é delineado pelas significações singulares configuradas a partir dos eventos vivenciados pelos sujeitos numa mesma época histórica ou em eras diferentes.

Nessa direção, Fivush (1991) argumenta que uma grande parte do que somos depende das conceitualizações que fizemos acerca do passado que nos concerne. As histórias que contam sobre nós, tanto para nós quanto para os outros, têm um papel importante na definição de nós mesmos. Dunn (1988) coloca que o entendimento social começa como práxis em contextos particulares nos quais a criança é protagonista, é um agente, uma vítima, um cúmplice. Ela aprende a desempenhar um papel no drama cotidiano familiar antes que lhe seja exigida qualquer narração, justificativa ou desculpa. Nelson (2000) analisa o desenvolvimento da narrativa a partir dos primeiros anos da infância, observando como e quando a criança começa a forjar a experiência de si mesma, nas ações e nas interações com os pais e com seus pares de idade. Ela coloca que as crianças aprendem sobre si e constroem suas próprias histórias por meio da experiência narrativa com o outro.

Como enfatiza Benjamin (1935/1983), toda experiência se inscreve numa temporalidade comum a várias gerações e, dessa forma, pode-se dizer que ela se inscreve a partir de um ponto de origem. Entretanto, essa origem acerca de nossa história, como enfatiza Gagnebin (1999), desenrola-se entre um início e um fim que não nos pertencem e por isto, dependem das narrações de outros. Nessa linha de pensamento, pode-se colocar que há um eu coletivo que advém dos outros e que emerge antes do eu que fala. Este faz imediatamente retorno sobre o primeiro através de um mecanismo cognitivo recursivo. Nesse quadro que se efetua sobre um fundo social e histórico, a interação une indissoluvelmente, de forma recíproca e ao mesmo tempo contraditória, as psiques de uns e de outros.

O grupo, enfatiza Kaës (1993), antecede o sujeito até mesmo porque não temos a escolha de não pertencermos a um grupo, assim como não temos a escolha de não possuirmos um corpo. Ele argumenta que o assujeitamento ao grupo tem como base a realidade intersubjetiva como condição de existência do sujeito humano. Então, os acontecimentos que antecedem o nascimento do sujeito, ou seja, a sua pré-história, só podem ser constituídos na intersubjetividade. Como demonstra Kaës, o grupo - familiar, institucional, comunitário ou cultural - que antecede o sujeito, é que o mantém e o sustenta em uma matriz de investimentos e de cuidados. Esse grupo marca os lugares, apresenta os objetos, oferece os meios de proteção e de ataque, delineia os limites, enuncia os interditos. A questão da transmissão, portanto, relaciona-se à formação do inconsciente e aos efeitos de subjetividade, os quais derivam da intersubjetividade. É pela mediação do grupo que são transmitidos e transformados o ideal, as identificações, os enunciados míticos, os mecanismos de defesa, os rituais, uma parte da função do recalque. Freud (1932/1976) também aponta essa transmissão intergeracional em uma das passagens sobre a constituição do superego.

Assim, podemos dizer que não existiria uma origem, no sentido clássico do termo. Mas, um vazio interno de onde a genealogia age, utilizando as palavras que a servem e a abandonam, dando dessa forma ao presente uma espécie de resumo de toda uma amplitude de vida. Ao se abrir a cena familiar genealógica e ampliá-la no e pelo tempo, desenvolve-se outra dimensão, que se articula com o ambiente social e cultural. A passagem, porém, de uns aos outros nunca é plena, ela sempre se faz de maneira cruzada, com vazios. O conhecido e o que se conhece internamente estão ligados indissoluvelmente. É a transmissão que torna essa passagem possível. Mannoni (1986) explicita que a castração inclui o sujeito na dimensão histórica, pois o insere no dilema edípico. Marca-lhe um desejo, pois separa o sujeito (criança) de ser objeto do desejo do outro, permitindo-lhe colocar-se em sua própria história, isto é, historicizar o seu desejo.

O genealógico, portanto, funda o humano, instaura uma ordem incontestável e um sistema de deslocamentos sucessivos que reconhecem uma cadeia que liga entre eles os indivíduos. Esse elo, apesar de unir os indivíduos em uma história compartilhada, permite também que estes se diferenciem: com efeito, a partir da colagem inicial dada pela transmissão direta, o genealógico fazendo nela ofício (função) de *pai*, quer dizer de terceiro separador que garante o crescimento na organização do sistema, cria os desvios indispensáveis à diferenciação. Esta se efetua graças ao acesso ao tempo e ao discurso, e fornece para um determinado sujeito as coordenadas de sua inscrição ou de sua não inscrição na ordem da filiação. O sentido da palavra falada fornecerá, então, à trama da história própria do sujeito familiar, a reconstrução dessa história que escreve a gênese do sujeito sob o eixo temporal, pela articulação de uma história diacrônica.

A criança, então, ao se situar perante os seus ancestrais no eixo geracional, apropria-se de sua história e a partir disso pode dar outro sentido a sua existência. É necessário primeiro poder regressar ao passado, decifrar as mensagens passadas advindas de outro lugar, de antes, dos outros. E, assim, compô-las, transcrevê-las, produzir um material concreto da estruturação dos dados que não estavam simbolizados. Enfim, expor o produto a um público, isto quer dizer separá-lo de si, enfrentar as reações do outro, aceitá-lo, e perder de novo, etc. A chave de ouro desse processo reside na vida a completar, a falta interior, as falhas, as mágoas narcisistas (Dolto, 1965/1981).

É, portanto, a partir da narração dos outros que começamos a compor nossa história pessoal e vamos aos poucos configurando a noção de quem somos. O si mesmo somente é configurado sob forma narrativa, pois as pessoas continuamente concebem e organizam sua experiência temporal mediante histórias, que são estruturas fundamentais para dotar de sentido as condições de nossa existência. A cultura, com seu acervo de narrativas, fornece elementos para que o indivíduo se constitua reflexivamente em relação à questão "quem sou eu" e dê sentido às outras pessoas e ao mundo. Como a vida é vivida e contada na interação social, o relato autobiográfico, como qualquer trabalho da memória, é basicamente de natureza social e dialógica. Com efeito, o conceito de memória que subjaz as pesquisas autobiográficas de matiz narrativista-discursivo, segundo Brandão e Germando (2009), "foge das tradicionais metáforas de "arquivo pessoal" ou "depósito" e aproxima-se da visão processual, construtiva e discursiva dos processos de lembrança e esquecimento" (p. 7).

## Narrativas de si e memória genealógica

A memória genealógica é, conforme Lani-Bayle (1997), ativada e balizada pelos traços, quer eles sejam materiais (por exemplo fotos, roupas, joias) quer sejam imateriais (traços internos e inconscientes), que permitem reencontrar o caminho dos ancestrais e outros antecedentes. A autora salienta que é com esses materiais, que respingam sob os caminhos familiares, que se constroem e se escrevem as lendas das famílias, fontes de histórias. O essencial seria então poder estabelecer uma circulação entre os traços internos e os traços exteriores – isso que para a vida toma sentido gerando, nas linhas de sua passagem, algum saber. E para que aconteça essa conexão entre os traços materiais e imateriais, é necessário que haja uma correspondência entre aquilo que o sujeito sente no seu corpo e isto que os outros lhe dizem acerca de sua história.

Essa circulação inicia na necessidade de se projetar rumo ao depois (final), que faz eco aquilo que orienta rumo ao antes (a origem). A experiência mostra, pois, que uma transmissão passa, mesmo quando o objetivo consciente é contrário. Em contrapartida, quando uma via de passagem geracional se expressa, se mostrará potencialmente útil para aquele que é o descendente. Então, os traços materiais enviados funcionarão como pequenas mensagens, que poderão despertar e ativar os traços internos correspondentes. Esses tomarão, então, sentido porque possuir um objeto é uma coisa, mas é o valor que atribuímos a ele que interessa – sendo ele tributário da história ligada aos antecedentes que o acompanham. Essa atração do objeto leva a uma possível coincidência com nosso mundo interior, uma ressonância que dá à mensagem valor de informação.

Como foi exposto anteriormente, nós nascemos antecipados, então somos fortalecidos por esse passado anterior recebido daqueles a quem nós devemos a existência. Esse passado foi vivido, é isto que faz a trama, mas não é suficiente para tornar um sentido possível. Isto porque os fatos vivenciados não têm um valor de durabilidade por eles mesmos. É a maneira diferente como eles serão sentidos e que se imprimirão em cada um que será operante. Mas, alerta Lani-Bayle, o que está retido não é inerte: tudo que pode ser inscrito antes, durante ou depois no mesmo lugar ou nas adjacências, poderá ser ativado seja no momento mesmo da inscrição, seja a posteriori sob a forma de lembrança. Produz-se um verdadeiro trabalho de transformação, de remodelagem, de integração permanente do traço, em um contexto pré e pós-existente. É por isso que a psicanálise apoia-se nas associações em seu objetivo de reminiscências.

Kehl (2001) explicita que a memória tem pelo menos duas funções para a psicanálise. Uma delas é a que dá consistência ao sujeito e promove uma ligação duradoura entre este e seu *eu*. É uma memória inconsciente... Esta memória é o que confere ao sujeito um lugar, que lhe parece tão 'natural' que o sujeito só se indaga sobre ele quando algo deste lugar lhe escapa ou se desloca. A outra é a memória da rememoração e da transmissão da experiência. Esta experiência, esclarece Costa (2001), "não pode ser reduzida a um símbolo abstrato, ou a uma imagem, ela precisa passar pelo corpo na sua relação com o semelhante e com o real (desde que este real inclua alguma atividade, algum exercício)" (p. 32). Ou seja, aquilo que se experiencia fica registrado e produz sua marca no corpo, mesmo que não se tenha palavras para dizê-lo. Costa salienta que é somente essa dimensão da experiência que produz um saber, que se diferencia da informação e do conhecimento na medida em que esse saber é necessariamente corporal e, por isso, também inconsciente.

É isto que faz toda a labilidade e a subjetividade da lembrança. E se pode assinalar que a deformação de um fato é proporcional não tanto aos fatos em si, mas às emoções relativas a eles. Enfim, para uma vivência transformar-se em experiência é preciso que aquela seja sentida, 'revivida'. A história não se impõe tal qual o exterior, é a cada um que cabe conquistá-la, ou seja, passar de um modo recebido, transmitido, passado, advindo de outros, rumo a um mundo a inventar e construir, por e para si mesmo. Tornar-se o autor conjugando a sua maneira os traços materiais e imateriais. Conhecer a sua herança para transformá-la a sua maneira até mesmo recusá-la. Nessa lembrança, a escolha de um momento fundador fictício é primordial para impulsionar isto que poderia se narrar, criando artificialmente um ponto de origem no vazio. Esse ponto inicial de engodo e ancoragem possibilitará um antes de um depois, separará isso que emana dos outros disso que caracterizará cada um em particular.

Ou seja, a história, mesmo a oficial, não está dada de uma vez por todas, ela permanece num processo (inter) ativo. A 'verdadeira' história é a que se fabrica, que se faz, que se constrói, mesmo quando os fatos são verificáveis e completamente exteriores à si. Essa história a fazer se apoia no vivido que se traduz numa narrativa temporalizada: são de início as palavras traçadas que surgem e que buscam uma ordem. Para isso, convém inicialmente poder articulá-las num início fictício, mas colocado enquanto tal, e depois separar isto que constitui a própria história daquela dos outros. O reconhecimento desse momento fundador é, com efeito, primordial para introduzir o que poderá ser contado. A criação desse ponto inicial desamarrará isto que emana dos outros e isto que caracteriza cada um em particular. Construir sua história de vida ajuda o sujeito a se localizar na sua existência, pois o situa num plano conjunto e o insere no seu ambiente.

Em síntese, pode-se dizer que para o sujeito poder construir uma narrativa acerca de sua vida na perspectiva da autoria, necessita ter acesso a sua genealogia. Portanto, ele inicialmente precisa apoiar-se naquilo que os outros referem e transmitem sobre a história das gerações que o precedem e de seus primeiros anos de vida. Essa narração lhe possibilitará compor um ponto inicial a partir de seus ancestrais, ou seja, uma origem sobre a história de sua vida através da qual ele poderá ordenar sua existência temporalmente e, assim, construir as narrativas de suas experiências diferenciando o que é seu do que é dos outros. Essa transmissão intersubjetiva é que propicia essa construção narrativa. Portanto, para que o sujeito possa se projetar em direção a um antes e a um depois, ele precisa inicialmente ter o suporte de um outro que compartilhe a sua história. Um outro que possibilite a ele estabelecer um elo entre isto que ele vivenciou e isto que faz parte de seus ancestrais. Alguém que inicialmente lhe historicize o trânsito intergeracional e que, ao fazer isso, posicione-o frente a uma linhagem e divida com ele uma pré-história e uma herança possível.

Isso é importante porque esse passado anterior constitui a compreensão do que nós somos além de nossas individualidades, e contribui para a elucidação que podemos fazer de nosso percurso e de nossa margem de liberdade e de recomposição próprias. Além disso, essa porta aberta em direção ao nosso passado geracional nos abre a porta da cultura no sentido amplo. O acesso aos circuitos de transmissão se relaciona com os personagens que nos engendram. Nossa história começa a se escrever com eles, antes de nós. Ela então pode ser recontada desde e através deles.

Podemos concluir, então, que a narrativa permite uma elaboração das memórias de si, apoiadas na transmissão genealógica, ou seja, naquilo que nos contaram e falaram sobre nós mesmos, sobre os outros, sobre nossa história pessoal e/ou coletiva. Os *fatos* são colocados numa ordem temporal, construindo versões possíveis acerca daquilo que nos concerne compondo um todo organizado. Essa organização se apoia, como dissemos acima, na memória genealógica, não só nos eventos efetivamente lembrados, mas também a partir dos lapsos de memória, dos esquecimentos, daquilo que nós individualmente e/ou coletivamente optamos, principalmente de forma inconsciente, esquecer. Esse movimento de lembrar e esquecer foi analisado por nós na pesquisa que desenvolvemos acerca do impacto dos eventos pessoais e globais na perspectiva do tempo em diferentes gerações (De Conti, 2006a, 2006b e 2010). Neste estudo, visualizamos que os eventos pessoais lembrados pelas diferentes gerações não são os mesmos e que aquilo que marca uma geração passa 'despercebido' pela outra. Desse olhar resta a pergunta: o que faz com que um evento tão marcante para uma geração seja esquecido ou 'indiferente' à próxima geração? Como sugere Brockmeier (2002), lembrar e esquecer são aspectos indissociáveis na constituição da memória pessoal e coletiva. Porém, conforme alerta Benjamin, há eventos traumáticos que precisam ser narrados para serem ressignificados e até mesmo esquecidos. É essa articulação entre memória e narração que pode ser viabilizada através de um trabalho de formação.

## Narração da experiência de si e trabalho de formação da pessoa

Se memória e linguagem são indissociáveis tendo em vista que ambas se originam do mesmo traço que inscreve o sujeito no campo do Outro, também é impossível dissociar experiência e narração. É no ato de narrar, como ato de fala endereçado a um outro, que o vivido se constitui como experiência. A importância e função da narrativa é dar respostas de sentido a medos e angústias primordiais, que surgem toda vez que nosso narrador interno é colocado à prova além da conta. O medo e angústia primários surgem na ausência de uma narrativa histórica para nossa dor, quando não há ainda forma de palavras para uma história nunca narrada, nunca antes simbolizada. Por isto espera por ser construída, e não está ainda lá para poder ser interpretada. É pela transformação narrativa que medo e angústia deixam de surgir como descarga maciça ou como sintomas psíquicos, e se tornam histórias-ficções, como poesias, filmes, contos, pinturas... A necessidade de narrar, ou de criar ficções históricas, tem função elaborativa em relação a angústias e medos, sendo a narração uma resposta humana ao medo, ao terror e à angústia primitivos.

Nessa direção, Gagnebin (1999) coloca que são as brechas, as falhas ou as rupturas no discurso que possibilitam seguir narrando em busca de outro sentido possível. A autora diz que a verdade de um discurso não se esgota nem no seu desenrolar harmonioso, nem na sua argumentação sem falhas, nem na sua coerência interna, mas sim nas lacunas discursivas. É a partir disso que Gagnebin fala da dolorosa narração do sofrimento. A radicalidade do sofrimento intervém na narração como aquilo que nunca conseguiremos realmente dizer e, por isso mesmo, aquilo que nos proíbe de nos calarmos e de esquecermos. Destaca-se aí a importância de narrar os eventos traumáticos, para assim poder transformá-los e ou esquecê-los. Em outras palavras, para que o indivíduo possa ressignificar ou até mesmo esquecer sua dor e seu sofrimento é essencial que ele possa narrá-los.

As falhas e rupturas discursivas permitem ao sujeito descolar-se da história oficial, a qual normalmente tem um sentido único, fechado e que, por isto, permite somente uma interpretação unívoca. Rompendo com esse sentido geral e totalizante, o indivíduo conseguirá, talvez, significar sua existência e realizar a narração de sua vida como autor de sua obra e não somente como ator. Construir sua história de vida pode ajudá-lo a se localizar na sua existência, situando-a num plano conjunto e inserida no seu ambiente. Então, para que o sujeito possa situar seu lugar na cultura preservando sua implicação pessoal, necessita estabelecer no presente os laços significantes entre o que ele viveu e o que ele sabe, para assim, projetar-se no futuro.

É exatamente nesse contexto de narração de si que um trabalho de formação da pessoa pode ser primordial, pois pode contribuir acompanhando o trabalho narrativo rumo a uma produção do si mesmo, ou seja, à produção de identidades. Esse trabalho de narração permite evidenciar que há muitas significações possíveis para uma mesma história ou evento. Esse movimento de abertura de sentidos pode possibilitar uma reinterpretação dos eventos relatados, abrindo o campo para vários mundos possíveis, para a montagem de diferentes cenários e, assim, para a perspectiva de novas possibilidades, delineando ações futuras (Orofiamma, 2002). É esse trabalho de narração que permite costurar as rupturas, os desvios de percurso da vida diante de um 'destino' previsto.

Isso é possível, segundo Jouthe (1996), pelo movimento próprio do ato narrativo. Ele coloca que há duas dimensões neste ato: de um lado, a dimensão passiva que consiste em por à prova os sentimentos e as emoções suscitadas pelo conhecimento sensível de um drama, identificando-se com os atores ou heróis desse drama; de outro lado, a dimensão ativa que consiste em tomar uma distância crítica em relação a isso que se passa aqui e durante, ao olhar as coisas além das aparências e das impressões imediatas, para ver o essencial. Em outras palavras, há a catarse cujo processo consiste em elevar a experiência vivida no mundo como uma história ou drama, à expressão, à análise, à compreensão e à transformação dessa experiência.

Foi nessa direção que desenvolvemos um trabalho de oficina de contação de histórias com crianças em situação de abrigagem. Nas oficinas, as crianças traziam 'espontaneamente' através do lúdico e dos contos infantis elementos sobre sua história familiar e seu cotidiano institucional. Ao compor narrativas acerca de sua trajetória pessoal, as crianças davam contornos às rupturas existentes entre um antes e um depois da institucionalização, bem como estabeleciam uma possível relação de continuidade entre as experiências anteriores ao abrigamento e estas que fazem parte de sua nova 'morada'. Nesse movimento de narração, as crianças se apropriavam na forma de palavras de sua história, compondo uma versão singular e autoral acerca da mesma. Ou seja, ao buscar restituir os eventos vivenciados sob a forma narrativa, elas articulavam os traços materiais e imateriais da memória. É isso que lhes permitirá recompor a sua história configurando uma narrativa de si e, assim, compor um senso de eu, de identidade.

Por fim, podemos dizer que é esse trabalho de formação que visa à construção de uma narrativa de si que possibilita ao sujeito realizar uma reformulação subjetiva da experiência e das diferentes configurações das imagens de si a partir das quais ele se reconhece, delimitando o que faz parte da sua história e aquilo que é a história dos outros. Esse é um movimento essencial para a construção de uma posição autoral frente à narração da história pessoal, como foi possível visualizarmos em nosso trabalho nas oficinas de contação de histórias. E, nesse sentido, a construção de espaços em que a composição de narrativas autobiográficas possa transitar e se movimentar torna-se uma ferramenta de intervenção primordial no trabalho dos profissionais em saúde, na área das ciências humanas.

## Referências bibliográficas

BENJAMIN, W. Le narrateur. Réflexions sur l'oeuvre de Nicolas Leskov. In: GANTILLAC, M. (Org.). *Essais 2*. Paris, 1983 (Original publicado em 1935).

BRANDÃO, T. O e GERMANDO, I. M. P. Experiência, memória e sofrimento em narrativas autobiográficas de mulheres. *Psicologia e Sociedade*, v. 21, n. 1, p. 5-15, 2009.

BROCKMEIER, J. Introduction: Searching for cultural memory. *Culture & Psychology*, v. 8, n. 1, p. 5-14, 2002.

BROCKMEIER, J. e HARRÉ, R. Narrativa, problemas e promessas de um paradigma alternativo. *Psicologia, Reflexão e Crítica*, v. 16, n. 3, p. 525-535, 2003.

BRUNER, J. *Atos de significação*. Porto Alegre: Artes Médicas, 1997.

CORREIA, M. F. B. A constituição social da mente: (Re)descobrindo Jerome Bruner e construção de significados. *Estudos de Psicologia*, v. 8, n. 3, p. 505-513, 2003.

COSTA, A. *Corpo e escrita*. Relações entre memória e transmissão da experiência. Rio de Janeiro: Relume Dumará, 2001.

DE CONTI, L. Signification des événements entre les Brésiliens: différences et similarités. In: LANI-BAYLE, M. e MALLET, M-A. (Orgs.). *Événements et formation de la personne*. Écarts internationaux et integénérationnels, Tome 1. Paris: L'Harmattan, p. 177-190, 2006a.

DE CONTI, L. (2006b). Les sens des événements chez les Brésiliens: um regard interculturel. In: LANI-BAYLE, M. e MALLET, M-A. (Orgs.). *Événements et formation de la personne*. Écarts internationaux et integénérationnels, Tome 2. Paris: L'Harmattan, p. 71-88, 2006b.

DE CONTI, L. Les événements de la vie et leurs significations personnelles au Brésil. In: LANI-BAYLE, M. e MALLET, M-A. (Orgs.). *Événements et formation de la personne*. Écarts internationaux et integénérationnels, Tome 3. Paris: L'Harmattan, p. 83-100, 2010.

DOLTO, F. Prefácio. Tradução: Roberto Cortes de Lacerda. In: MANNONI, M. (Org.). *A primeira entrevista em psicanálise*. Rio de Janeiro: Campus, p. 9-30, 1981 (Original publicado em 1965).

DUNN, J. *The beginnings of social understanding*. Cambridge, Mass.: Harvard University Press, 1988.

FIVUSH, R. (1991). The social construction of personal narratives. *Merril-Palmer Quarterly*, v. 37, n. 1, p. 59-82, 1991.

FREUD, S. Conferência XXXI. A dissecação da personalidade psíquica. In: SALOMÃO, J. (Org.). *Edição standard brasileira das obras psicológicas completas de Sigmund Freud*. Rio de Janeiro: Imago, v. 22, p. 75-102, 1976 (Original publicado em 1933 [1932]).

GAGNEBIN, J. M. *História e narração em Walter Benjamin*, edição revisada. São Paulo: Perspectiva, 1999.

KAËS, R. Introduction: Le sujet de l'héritage. In: KAËS, R., FAIMBERG et al (Orgs.). *Transmission de la psychique entre générations*. Paris: Dunod, p. 1-16, 1993.

KEHL, M. R. Prefácio. In: COSTA, A. (Org.). *Corpo e escrita*. Relações entre memória e transmissão da experiência. Rio de Janeiro: Relume Dumará, p. 11-24, 2001.

JOUTHE, E. Enjeux éthiques de l'utilisation des récits de pratique dans la formation des intervenants sociaux. In: DESMARAIS, D. e PI-

LON, J. M. (Orgs.). *Pratiques des histoires de vie*. Au carrefour de la formation, de la recherche et de l'intervention. Paris: L'Harmattan, p. 71-87, 1996.

LANI-BAYLE, M. *L'histoire de vie généalogique*. D'edipe à hermès. Paris: L'Harmattan, 1997.

LOPES DE OLIVEIRA, M. C. S. Identidade, narrativa e desenvolvimento na adolescência. Uma revisão crítica. *Psicologia em Estudo*, v. 11, n. 2, p. 427-436, 2006.

MANNONI, M. *De um impossível a outro*. Tradução: Vera Ribeiro. Rio de Janeiro: Zahar, 1986.

NELSON, K. Narrative, time and the emergence of the encultured self. *Culture & Psychology*, v. 6, n. 2, p. 183-196, 2000.

OROFIAMMA, R. Le travail de la narration dans le récit de vie. In: NIEWIADOMSKI, C. e VILLERS, G. (Orgs.). *Souci et soin de soi, liens et frontières entre histoire de vie, psychothérapie et psychanalyse*. Paris: L'Harmattan, p.163-191, 2002.

RICOEUR, P. *Tempo e Narrativa*. Tradução: Constança Marcondes César. Campinas: Papirus, Tomo I, 1994 (Original publicado em 1983).

RICOEUR, P.. *Tempo e Narrativa*. Tradução: Marina Appenzeller. Campinas: Papirus, Tomo II, 1995 (Original publicado em 1984).

# A ESCRITA DA MEMÓRIA AUTOBIOGRÁFICA... PARA QUE TE QUERO?

*Lúcia Maria Vaz Peres*

## Para situar o lugar dos começos ou dos meios...

Este texto se construiu com a finalidade de problematizar as provocações que, como grupo de pesquisa[1], vimos nos colocando no que tange às relações epistemológicas entre os processos (auto)formativos e os estudos da Antropologia do Imaginário. Assim, tais relações epistemológicas são preconizadas, principalmente, através de Gaston Bachelard e Gilbert Durand. Nessa urdira entre relações teóricas e práticas de pesquisa, vimos exercitando o uso da escrita[2] (com diferentes roupagens) da memória autobiográfica, como um dos elementos visibilizadores do imaginário que fermenta o viver humano (PERES, 2009). Para tal, aqui discorreremos sobre "Essas coisas do imaginário..." (PERES, EGGERT, KUREK, 2009), na tentativa de problematizar aquilo que chamamos de real, exercitando outro ponto de vista, ainda não instituído, sobre a escrita da memória autobiográfica para dizer-saber das emanações da memória como eco de ressonâncias simbólicas.

1. GEPIEM – Grupo de Estudos e Pesquisas sobre Imaginário, educação e Memória, sediado na UFPEL e certificado pelo CNPq.
2. Evidentemente, a oralidade, nas suas várias formas de dizer-se, é parte deste percurso de dar a conhecer e conhecer-se. No entanto, neste texto, o foco é a escrita. Salientamos que seguimos, em grande parte, a metodologia de Josso (2004), em que a autora dedica-se aos aspectos centrais da utilização das histórias de vida como metodologia de pesquisa e de formação. É nisso que vimos investindo em nossos estudos.

A partir deste pressuposto – o da memória como eco de ressonâncias simbólicas – assentamo-nos[3] nos estudos durandianos e jossonianos, resguardados pelo viés bachelardino, dentre outros autores, como Remi Hess para mostrar o quanto o sujeito ao escrever suas memórias, re-criam imagens mentais, cogitando novos caminhos para reencontrar a si mesmo, com vistas à reequilibração psicossocial. (DURAND, 1988)

A exemplo deste IV CIPA, em suas diferentes dimensões sócio-histórico-psicológicas e estéticas, as artes de viver, conhecer e formar guiarão e proporcionarão estudos e trocas desde lugares, narrativas e escritas distintas.

Acredito fortemente que este encontro e espero que também esta mesa, tenha como objetivo precípuo apontar horizontes como linhas de extensão indefinidas. Deste jeito andaremos para além dos lugares instituídos pelos estudos e perspectivas (auto)biográficas, para apostar em espaços de produção coletivas intelectuais dos atos (auto)biográficos advindos de exercícios intelectuais diversos.

De acordo com Josso (2004), as "histórias de formação" apontam possibilidades de mediações capazes de redescobrir essas dimensões esquecidas do imaginário. Isso para mostrar como tais dimensões permanecem vivas dentro de nós. Sobretudo, como alimentam o nosso ganhar forma na direção que entendemos ser uma arte de viver em ligação e partilha. Ou seja, uma busca que toma a vida como uma obra de arte. Tais dimensões mostram, também, a possibilidade de, olhando um pouco no para o que nos tornamos, darmos passagem a outras formas de vida, numa invenção de si, na produção de um coletivo mais saudável.

Assim situando a que viemos, quero ratificar a proposta conclusiva da obra da autora citada, onde conclusivamente traz o se-

3. Aviso ao leitor: no decurso da escrita serão utilizados dois pronomes pessoais. Em alguns pontos do texto será usada a terceira pessoa do plural, para referir-se às reflexões advindas do trabalho desenvolvido no coletivo do grupo de pesquisa, noutros, será utilizada a primeira pessoa do singular ara expressar a minha própria autoria do exercício intelectual.

guinte enunciado: "Revalorizar o imaginário na formação, para inventar a mutação cultural" (p.263). É nesse sentido que compusemos o tema para a participação nesta mesa: **A escrita da memória autobiográfica... Para que te quero?**

Queremos para salientar a importância do imaginário como uma dimensão capaz de trazer à luz outras linguagens como potências e vias, para fazer emergir novas possibilidades de leitura e interpretação para as narrativas de histórias de vida. Isso porque, arrisco a dizer, toda narrativa toca nas fronteiras do racional e do imaginário, uma vez que ela não está assentada no real, mas, sobretudo, nela estão presentes aspectos relacionados ao sensível e ao fabulatório. São estes fortes elos que nos unem à corrente do *antropos* que habita ilimitada e impermanentemente a história singular e coletiva de cada vida vivida, narrada e escrita. Portanto, a formação humana está "ligada" aos elos da herança cultural e da singularidade criadora. Nesse sentido, ao propor a revalorização do imaginário, Marie-Christine Josso instiga-nos a pensar outros modelos educativos nos quais não haja dominância do racional. Para o pressuposto em "defesa" do imaginário foi como uma clareira em meio a uma densa floresta, permeada por fauna e flora mais ou menos homogênea.

## Para que te quero escrita e memória autobiográfica?

Não quero ter a certeza das respostas, mas a propósito da questão colocada destacaremos alguns enunciados, que serão comentados posteriormente. Então... Quero-te para:

- mostrar que toda escrita é **uma inscrição de si**, com vistas à ressignificação do vivido;
- **tentar buscar *de dentro* do sujeito** em processo de (auto) formação **os reservatórios de seus imaginários**;

- para **dizer-saber das emanações da memória** como eco de ressonâncias simbólicas;
- que **a narrativa e a escrita autobiográfica** sejam a **pedra fundamental na formação de professores** – colocando o sujeito numa dimensão de auto-escuta e re-invenção;
- **visibilizar os contornos da representação humana** em geral, onde se vem inscrever o trajeto (antropológico).

Enfim, tenho muitos para que te quero, mas reforço-me na palavras de Kurek (2009, p.43), quando diz que a "escrita é arma e batalha". Acrescento: das nossas buscas e necessidades de driblar o "indriblável": a angústia temporal que precisa de ressignificações e re-invenções.

## Como inscrição de si

> Escrevia-se o que antes se pensara. Agora entendo o contrário: escrever para pensar, uma outra forma de conversar. (MARQUES, 1998, p. 13).

Concordando com Mario Osório Marques, que o texto é uma outra forma de conversa, tendo a defender que a escrita é uma inscrição de si, como quando afirmamos nossas ideias na conversa. Isso significa dizer que sua feitura é materializada pela própria trajetória da vida que se revela na palavra daquele que escreve, bem como de tudo o que rodeia o autor-escritor: o que eu sou está presente na escrita que produzo. Como no dizer de Barthes (1987) o "texto se faz, se trabalha através de um entrelaçamento perpétuo (p. 82). Tal entrelaçamento, segundo nosso ponto de vista, não está assentado somente nas regras textuais, mas, sobretudo, nas intimações do vivido.

Michel Foucault (1992), em seu texto O que é um autor?, faz comentários importantes sobre essa inscrição, mostrando que, historicamente, os textos passaram a ter autores na medida em que os discursos se tornaram transgressores passíveis de punições. Na antigüidade, as narrativas, contos, tragédias, comédias e epopeias - textos que hoje chamaríamos literatura - eram colocados em circulação e valorizados sem que se pusesse em questão a autoria.

As memórias escritas são modalidades de inscrição no mundo e estética do existir, sejam elas feitas de realidades ou ficções, serão sempre presentificações da vida vivida ou desejada. Segundo Kurek (2009)

> Poderíamos dizer, usando a classificação de Foucault para a ética antiga, que as relações estabelecidas em, ou no acontecimento de dividir um espaço são dietéticas, econômicas e eróticas. Temos, assim, um grande salão de perguntas que o ser fará para si mesmo. O produto dessa prosa reflexiva, na mesma perspectiva foucaultiana, seria a estética do existir (p. 205)

Para Foucault (1992), o que denomina como «função-autor», dispensada nos discursos científicos pela sua pertença a um sistema que lhe confere garantia, permanece nos discursos literários. A «função-autor» não se constrói simplesmente atribuindo um texto a um indivíduo com poder criador, mas se constitui como uma «**característica do modo de existência**, de circulação e de funcionamento de alguns discursos no interior de uma sociedade» (op. Cit; p. 46) (grifos meus). Com isso, reafirmamos que a escrita revela a característica do modo de existência, ou seja, faz de um indivíduo um autor que se inscreve, através de suas ideias nomeadas, identificando assim, características de quem se diz.

Na perspectiva dos estudos autobiográficos, tal pensamento significa ter a perspectiva de não fechar as portas para o que está em torno, para tudo o que afeta e se presentifica no momento do desenvolvimento da escrita e, sobretudo, sobre o que se escreve. Henri Lefebvre (1980) defendeu que a "obra do homem, é ele mesmo".

A partir de tais referências, penso que não seja possível desvencilhar-se da ideia de que toda escrita tenha influências da soma dos próprios trajetos, mesmo que tenhamos aprendido a pensar que uma escrita é "algo" resultante de uma elaboração mental. Mas qual seria a base das elaborações mentais, senão os aspectos que perpassam o viver de sujeitos em relação com suas crenças e valorizações?

Para Josso (2004), a escrita pode constituir-se como "[...] um primeiro desbravar dos períodos significativos do percurso de vida de cada um e dos momentos–charneira [...]" (p.64). Nessa perspectiva, lembremos que a inscrição de si pode ter necessidade não somente num discurso sobre si, mas de projetos de si. (JOSSO, 2006, p.10)

De acordo com a noção de biografização, proposta por Christine Delory-Momberger (2008), a escrita pode referir-se a aspectos cognitivos e sócio-históricos pelos quais nos apropriamos de mundos sociais preexistentes e damos continuidade à sua construção.

Passeggi, ao tratar dos memoriais traz ao leitor a potência das narrativas autobiográficas como práticas (auto)reflexivas na formação docente, brinda-nos com um texto intitulado: simbolizações do percurso de escrita da narrativa autobiográfica", onde salienta que:

> O reconhecimento de si mesmo como autor do memorial garante sua inscrição no discurso acadêmico. É pelo *ritual de confirmação* que ele assegura o seu pertencimento identitário à profissão. Seria necessário aprofundar a reflexão sobre o lugar dos rituais nesse tipo de situação, bem como sobre o reconhecimento pela instituição do texto resultante do trabalho de biografização. (2009, p.159)

Portando, minha defesa de que sujeitos ao escreverem inscrevem-se no mundo, está relacionada ao desejo de que os processos de formação autobiográficos convoquem possibilidades de ressignificação do vivido.

## Tentativa de buscar de dentro do sujeito os reservatórios de seus imaginários

> A vontade de olhar para o interior das coisas torna a visão aguçada, penetrante. Transforma a visão numa violência. Ela detecta a falha, a fenda, a fissura pela qual se pode violar o segredo das coisas ocultas. A partir dessa vontade de olhar para o interior das coisas, de olhar o que não se vê, o que não se deve ver, formam-se estranhos devaneios tensos, devaneios que formam um vinco entre as sobrancelhas. Já não se trata então de uma curiosidade passiva que aguarda os espetáculos surpreendentes, mas sim de uma curiosidade agressiva, etimologicamente inspetora. É esta a curiosidade da criança que destrói seu brinquedo para ver o que há dentro. (BACHELARD, 2003, p. 8).

O que seria isso? Uma resposta primeira encontramos em Kurek (2009), quando, em sua tese: "Ensaio sobre a dor na docência: Uma escrita antropo-fenomenológica" diz que "a luz que levaria a uma saída da escuridão é uma luz produzida pela imaginação. Não encontramos facilmente o interruptor que trará a claridade" (p.127-128).

A partir dos estudos de Durand (1988, 1989, 1996), entende-se que o imaginário é o reservatório antropológico de todas as representações possíveis. Para o autor, o imaginário é o reservatório antropológico de todas as representações possíveis. Ele é a concretude da representação humana em geral, aonde se vem inscrever o trajeto (antropológico) reversível que, do social ao biológico e vice-versa, informa a consciência global, a consciência humana (p. 65). Machado da Silva (2003), diz que o reservatório agrega imagens, sentimentos, experiências, visões do real que realizam o imaginado, leituras da vida. Através de um mecanismo individual/grupal, sedimenta um modo de ser, de agir, de sentir e de aspirar ao estar no mundo. Como motor, o imaginário é uma força que impulsiona indivíduos ou grupos. Funciona como estimulador e estruturador dos limites das práticas (p. 11). Daí porque entendemos, como já dissemos no início deste texto, que do imaginário traz uma dimensão capaz de visibilizar outras linguagens instituidoras de novas possibilidades como potências e vias, para fazer emergir novas possibilidades de escrita, leitura e interpretação para as narrativas autobiográficas. Influenciados pela metodologia durandiana, a qual defende o "conhecimento indireto" como possibilidade de adentramento nos conteúdos que fomentam modos menos racionais de dizer-se - buscas de dentro do sujeito –, utilizamos diferentes materiais como instrumentos motivadores da escrita autobiográfica. São eles: fotos, fábulas, diários, cartas, palavras, filmes, poesias, como também algumas técnicas expressivas. Tais como: invenção de histórias e personagens para representar-se; enfim, materiais que possibilitem a experiência com outras formas de sentido, de percepção, que não somente a linguagem direta.

Quando começamos a trabalhar sobre as relações entre a ciência, o imaginário e os processos biográficos autoformadores, encontramos na obra de Gaston Bachelard duas vertentes passíveis de ser seguidas. Uma delas é a vertente noturna, outra é a vertente diurna. A partir delas percebemos que, nos modos de conhecimento, habitam duas possibilidades não excludentes: a científica e a poética. Ambas são reabilitadas uma na outra, embora, geralmente, concebemo-las separadamente. Isso levou-nos a exercitar o devaneio. Devaneio aqui entendido como "uma fuga para fora do real, nem sempre encontrando um mundo irreal consistente". (BACHELARD,

2006, p.5). Nesse sentido, o devaneio seria um material empírico e dinâmico dos cumes da experiência humana. Sim, de difícil mensuração científica, mas apresenta com forte pregnância simbólica. Quer dizer, o imaginário da criação poética com suas respostas constitui "saída" da "escuridão" da linearidade. Também reafirmo o entendimento de Durand (1989)

> Neste 'mundo pleno' que é o mundo criado pelo homem, o útil e o imaginativo estão inextrincavelmente misturados; é por essa razão que cabanas, palácios e templos não são formigueiros nem colmeias, e que a imaginação criadora ornamenta o menor utensílio a fim de que o gênio do homem não se aliene nelas (p. 393).

A busca *de dentro* na perspectiva do imaginário, de acordo com a autora, possibilita a visualização de representações, de valorizações, de comportamentos; dos processos de sentido de aprendizagens formais e informais, de experiências fundadoras e de projetos de si; de conscientização de si e de suas potencialidades; de concretização de uma intencionalidade em projetos e de transformações permanente (2009), em recente capítulo publicado no Brasil[4], diz que:

> Nossa abordagem experiencial da formação existencial dá-se a conhecer através de múltiplas facetas em ligação mais ou menos consciente com a imaginação e o imaginário:
> – como um processo **evolutivo de integração/desintegração de saber-pensar**, de conhecimentos, **de representações, de valorizações, de comportamentos, de saber fazer**;

4. Em nosso livro, intitulado "Essas coisas do Imaginário...... diferentes abordagens sobre narrativas (auto)formadoras", abordamos o seguinte tema: *A imaginação e suas formas em ação nos relatos de vida e no trabalho autobiográfico: a perspectiva biográfica como suporte de conscientização das ficções verossímeis com valor heurístico que agem em nossas vidas.*

> – como um **processo de sentido de aprendizagens formais e informais**, de **experiências fundadoras e de projetos de si;**
> – como um processo de **conscientização de si e de suas potencialidades**;
> – como um processo de **concretização de uma intencionalidade em projetos**;
> – e finalmente **como uma transformação permanente** – e às vezes imperceptível – do si psicossomático mais ou menos querido, desejado, projetado. (p. 121-122) (Grifos meus)

## Emanações da memória como ecos...

Essas emanações da memória assemelham-se às ressonâncias simbólicas, propostas por Gaston Bachelard e Gilbert Durand. Acontecem pela via das representações e valorizações como um modo de reencontrar a si mesmo. "**A memória como eco do passado pode recriar imagens mentais, cogitando novos caminhos e soluções para os problemas cotidianos.** As ressonâncias e os ecos, ao serem revisitados, podem trazer à luz experiências fundadoras [...] através da tomada de consciência acerca das valorizações que vêm guiando o momento presente". (PERES, 2009, p. 105) (grifos meus)

Compreender a memória como eco do passado passível de recriar imagens na busca de soluções e ressignificações, mostra que ela não tem um tempo cronológico, mas o tempo da necessidade de restabelecer sentidos e significações. Concordo com Bachelard (2001, p. 111) sobre a ideia de que "não é o tempo dos homens que reina sobre a memória" e, dessa forma, penso que o que reina é o tempo das nossas demandas e necessidades de presentificações do que "não está mais em carne e osso", mas ainda hoje alimenta alguma parte dos nossos dias e das nossas noites. Daí porque a escrita da memória autobiográfica é tão importante. Se no hoje revisitamos e revivemos as nossas memórias, por conta de demandas do cotidiano atual, é porque, de algum modo, elas são um agregado de energias que nos fez e nos faz viver no hoje. O que seria de nós se não fossem as nossas memórias? Seres sem vínculos? Sabe-se lá... Talvez viajantes que não guardaram nada. Sem os guardados, sem os detalhes , uma viagem é incompleta. E de quantos detalhes precisamos para formar uma boa lembrança? Isso varia extremamente, já que pessoas são diferentes. "*Até aí morreu Neves*», (de novo, coitado!) argumentará o leitor. «*Não há nada mais óbvio e elementar do que uma afirmação dessas*», completará, com toda razão. É verdade, mas o que "Neves" não sabia antes de morrer que aqueles detalhes comuns a todos - ainda que estejam ali dispostos para todos - jamais serão notados e registrados por todos nas mesmas proporções. «Neves» talvez não soubesse os motivos porque dois indivíduos que estejam vendo, ouvindo e sentindo as mesmas coisas, no mesmo mesmo lugar, jamais as registrarão na memória com o mesmo grau de detalhamento. Algumas vezes até sequer registrarão algo. Isso simplesmente porque seus sentidos funcionam de modos diferentes e cada um registra o que pode.

> Se o que vemos hoje tivesse que tomar lugar dentro do quadro de nossas lembranças antigas, inversamente essas lembranças se adaptariam ao conjunto de nossas percepções atuais. Tudo se passa como se confrontássemos vários depoimentos [...] cada memória individual é um ponto de vista sobre a memória coletiva, [...] este ponto de vista muda conforme o lugar que ali eu ocupo, e [...] este lugar mesmo muda segundo as relações que mantenho com outros meios (HALBWACHS, p.25-51)

Lembrando que memória também é esquecimento, questão pontual de uma das últimas obras de Paul Ricoeur, a afirmação de Aristóteles de que "a memória é do passado" permite a Ricoeur (2007) enfrentar a aporia entre memória e imagem (*eikon*), vinculando a memória à temporalidade da condição humana. "O esquecimento é o emblema de quão vulnerável é nossa condição histórica" (op. cit, p. 300). Há esquecimento onde houve marca, por isso o esquecimento se relaciona com a memória e a fidelidade ao passado, sendo seu pólo oposto. O esquecido não é só o inimigo da memória e da história, há uma figura positiva do esquecido, o "esquecido de reserva", que constitui um recurso irredutível e "reversível" a qualquer balanço de fiabilidade com o passado, por meio da memória ou da história.

Sabemos que as "imagens-lembranças", preconizadas por Gaston Bachelard (2006), referem-se a um conjunto formado de pequenos detalhes. São forças subjetivas profundas, ocultas e invasoras: percepções e imagens individuais e coletivas vividas misturadas e guardadas como lembranças que estão sempre em movimento. Diante de novas vivências e percepções, essas imagens-lembranças deslocam-se de um lugar profundo para regiões dinâmicas, no instante em que a pessoa faz o contato com o real ou o irreal. São nessas regiões que representações, imagens e lembranças aparecem em um complexo indissolúvel. Regiões onde, mais que em percepções sobre fatos, as imagens-lembranças estão relacionadas a devaneios[5] motivados por valores psíquicos e pelo imaginário. Portanto, os relatos das imagens-lembrança evocadas pela memória, geralmente são re-inventados. "A imaginação matiza desde a origem os quadros que gostará de rever" (op. cit., p.99). Desta forma, para visitar os arquivos da memória é importante reencontrar, para além dos fatos, valores que matizam criativa e qualitativamente os seus quadros. Pois, segundo esse pensador, "não se analisa a familiaridade contando repetições" (idem). É com o devaneio, uma grande dilatação psíquica, que podemos reviver os valores do passado. É do instante presente que parte o chamado ao qual a lembrança responde. Neste sentido, em um instante, todo o devaneio (ou percepção) já seria também uma lembrança (ou memória).

---

5. Devaneio aqui entendido como "uma fuga para fora do real, nem sempre encontrando um mundo irreal consistente". (BACHELARD, 2006, p.5)

Bachelard (2006, p.7) nomeia de "ressonância fenomenológica" esse despertar da consciência a partir de imagens atualizadas pela lembrança, buscadas nos labirintos da memória, por percepções e devaneios atuais. Daí a importância de escrever sobre nossas memórias.

Então, sendo as emanações da memória como ecos do passado, podemos dizer, com Durand (1988), que a imagem simbólica é "semente que nos faz criar o que vemos" (p.68) e a escrita um registro da ressonância de vivências, onde estarão imbricadas evocações que atuam na epiderme ativa da esfera social.

Como disse Bachelard (2003, p. 26), "nunca somos verdadeiros historiadores; somos sempre um pouco poetas, e nossa emoção talvez não expresse mais que a poesia perdida".

## Escrita autobiográfica... Pedra fundamental na formação de professores

> A formação deve estimular uma perspectiva crítico-reflexiva, que forneça aos professores os meios de um pensamento autônomo e que facilite as dinâmicas de autoformação participada. (...) o professor é a pessoa. E, uma parte importante da pessoa é o professor. Urge por isso (re)encontrar espaços de interação entre as dimensões pessoais e profissionais, permitindo aos professores apropriar-se dos seus processos de formação e dar-lhes um sentido, no quadro de suas histórias de vida. (NÓVOA, 1992, p. 25)

A ideia de narrativa e de escrita autobiográfica, como princípio fundamental para a formação de professores, tem constituído uma perspectiva significativa para o processo de escolarização. A análise sobre desse processo estrutura-se como uma autoformação, ou seja, a narrativa como tentativa de compreender imagens-lembranças (BACHELARD, 2006) de um processo de escolarização, a partir das experiências e representações imaginárias do sujeito e seu objeto, a trajetória de sua vida escolar. Elementos estes que caracterizam e influenciam sobremaneira a formação docente.

Em uma visão antropológica, o ser humano mobiliza seus costumes, crenças, comportamentos e organização social em função dos imaginários que produz. Segundo Juremir Machado da Silva (2003) "Todo imaginário é real. Todo real é imaginário" (p. 1). Portanto, não há vida simbólica fora do imaginário. A escrita de si, de algum modo é estimulada por forças imaginais. Esses elementos ativos são os propulsores da ação na vida, e no caso do foco deste texto, a escrita pode ser um mecanismo de autoconhecimento. A possibilidade de apropriação dos fragmentos do que somos por meio da escrita deve levar em conta o caráter de ação e reação do sujeito-narrador. Ele é portador e construtor de saberes a partir de vivências individuais e coletivas no trajeto de uma vida, ou seja, existe uma relação recíproca entre a práxis individual e o meio social. "Todas as imagens se desenvolvem entre dois pólos, vivem dialeticamente seduções do universo e certezas da intimidade" (BACHELARD, 2001, p.7). O imaginário que abastece essas narrativas escritas, e consequentemente as ações, também é algo universal-singular: o sujeito é afetado pelo meio e vice-versa.

A escrita da narrativa remete o sujeito em processo de formação a uma dimensão de auto-escuta, como se estivesse contando para si próprio as experiências e aprendizagens que construiu ao longo da vida, através do *conhecimento* de *si*.

É com base nessa perspectiva que a abordagem biográfica se instaura como um movimento, segundo Josso (2004), de investigação-formação, ao enfocar o processo de conhecimento e de formação que se vincula ao exercício de tomada de consciência, por parte do sujeito. Para essa autora isso ocorre, na medida em que, para ela, uma das dimensões da construção da história de vida reside na elaboração de um auto-retrato dinâmico, por meio das diferentes identidades que orientaram e orientam as atividades da pessoa; suas opções passivas ou deliberadas; suas representações e suas projeções, tanto nos aspectos tangíveis como invisíveis para outrem, e talvez ainda não explicitados ou surgidos na consciência do próprio sujeito. Segundo a autora,

> por meio desse autorretrato mais ou menos explícito, evidenciar as posições existenciais, adotadas ao longo da vida, permite ao autor da narrativa tomar consciência da sua postura de sujeito e das ideias que, consciente ou não-conscientemente, estruturam essa postura (op. cit, p. 59).

## Visibilizar os contornos da representação humana

> Então, é nesse trajeto reversível que repousa a dinâmica das imagens e dos símbolos (PERES, 1999).

Para concluir este texto, retomarei o para que te quero escrita e memória autobiográfica? Quero-te para inscrever homens e mulheres no trajeto (antropológico), através do reforço das ideias enunciadas ao longo do texto, sublinhando que as buscas humanas advêm da necessidade antropológica de driblar a angústia temporal que precisa de ressignificações e re-invenções.

O tempo vivido nem sempre é passível de ser contado, definido... Entre o tempo vivido e o tempo contado escavavam-se dimensões complexas no espaço-tempo da interioridade das pessoas.

Ao pesquisarmos e optarmos pela abordagem autobiográfica como grupo de pesquisa, reafirmo as potencialidades do diálogo que esta perspectiva epistemológica abre. Isso, tendo em vista a tomada de consciência de co-habitações de sentidos múltiplos num mesmo vivido, ou seja, um si-mesmo habitado por muitos outros (RICOEUR, 1991). São estes fortes elos que nos unem à corrente do *antropos* que habita ilimitada e impermanentemente a história singular e coletiva de cada vida.

## Referências bibliográficas

DELORY-MOMBERGER, Christine. *Biografia e educação: figuras do indivíduo-projeto.* Natal, RN: EDUFRN; São Paulo: Paulus, 2008.

BACHELARD, Gaston. *A poética do espaço.* São Paulo: Martins Fontes, 2003.

BACHELARD, Gaston. *A poética do devaneio.* São Paulo: Martins Fontes, 2006.

BARTHES, Roland . *O Prazer do Texto.* São Paulo: Editora Perspectiva, Tradução de J. Guinsburg, 1987.

DURAND, Gilbert. *Imaginação simbólica.* São Paulo: Cultrix, 1988.

_____. *As estruturas antropológicas do imaginário: introdução à arquetipologia geral.* Lisboa: Editorial Presença, 1989

_____. *Campos do imaginário.* Lisboa: Instituto Piaget, 1996

FOUCAULT, Michel *O que é um autor?* Vega: Passagens. Tradução de Antonio F. Cascais e Edmundo Cordeiro(1992).

HALBWACHS, Maurice. *A memória coletiva.* São Paulo: Vértice, 1990

JOSSO, Marie-Christine. *Experiências de Vida e Formação.* São Paulo: Cortez, 2004.

_____. *A imaginação e suas formas em ação nos relatos de vida e no trabalho autobiográfico: a perspectiva biográfica como suporte de conscientização das ficções verossímeis com valor heurístico que agem em nossas vidas* In PERES, Lúcia Maria Vaz, EGGERT, Edla, KUREK, Deonir Luís (orgs) Essas coisas *do imaginário... diferentes abordagens sobre narrativas (auto)formadoras.* São Leopoldo: Oikos; Brasília: Liber Livro, 2009.

KUREK, Deonir Luís. *Ensaio sobre a dor na docência:Uma escrita antropo-fenomenológica.* Programa de Pós-Graduação em Educação, Universidade Federal de Pelotas. (tese de doutorado). Pelotas, 242 p.

NÓVOA, Antonio. (coord.). *Vida de Professores.* Porto: Porto Editora, 1995.

NÓVOA, António e FINGER, Mathias. *O método (auto)biográfico e a formação*. Lisboa: MS/DRHS/CFAP, 1988.

MARQUES, Mario Osório. *Escrever é preciso: o princípio da pesquisa*. Ijuí: Unijuí, 1998.

PERES, Lúcia Maria Vaz. *Os caminhos e os desassossegos no tornar-se professor(a)*. In. OLIVEIRA, Valeska Fortes de (Org.). Narrativas e saberes docentes. Ijuí: Ed. Unijuí, 2006.

PERES, Lúcia Maria Vaz, EGGERT, Edla, KUREK, Deonir Luís (orgs) *Essas coisas do imaginário... diferentes abordagens sobre narrativas (auto)formadoras*. São Leopoldo: Oikos; Brasília: Liber Livro, 2009.

PASSEGGI. Maria da Conceição. *Simbolizações do percurso de escrita da narrativa autobiográfica: da experiência sensível à experiência formadora* In PERES, Lúcia Maria Vaz, EGGERT, Edla, KUREK, Deonir Luís (orgs) *Essas coisas do imaginário... diferentes abordagens sobre narrativas (auto)formadoras*. São Leopoldo: Oikos; Brasília: Liber Livro, 2009. P.148-161.

RICOEUR, Paul. *O si mesmo como um outro*. Campinas, São Paulo. Papirus, 1991.

RICOEUR, P.A *Memória, a história, o esquecimento*. Campinas, Unicamp, 2007.

VERGÍNIO, Assunção Alexandre. *A pedagogia do espaço escolar na perspectiva do imaginário* Programa de Pós-Graduação em Educação, Universidade Federal de Pelotas. Pelotas (projeto de doutorado).2009, p.55

# Espaços e tempos de formação nas (auto)biografias

# Espaço escolar e memória: um estudo de "campo"

*Raquel Lazzari Leite Barbosa*
*Sérgio Fabiano Annibal*

## Um histórico: Universidade e Escola Pública

Em meados de 2007 foi formado um grupo de estudos para a elaboração de um projeto com a finalidade de desenvolver pesquisas voltadas para a escola pública e para a formação de professores. O grupo, organizado em moldes interdisciplinar, foi intitulado *Grupo de Estudos e Pesquisa em Linguagem, Ensino e Narrativa de Professores (GEPLENP)* e passou a reunir pesquisadores e estudantes universitários ligados a diversas áreas: educação, história, comunicação, letras, antropologia, ciências biológicas. Para possibilitar uma convergência no desenvolvimento das pesquisas foi estabelecido um eixo aglutinador centrado no "Campo Educacional".

Em seguida, o *Grupo de Estudos e pesquisa – GEPLENP* elaborou o projeto *Memória Escolar e Tecnologia: Construindo, Registrando e Compartilhando* e elegeu o campus da UNESP de Assis como sua sede. Vinculou-se também à linha de pesquisa *Abordagens pedagógicas e o ensino de linguagens* do Programa de Pós-Graduação em Educação da UNESP/Marília-SP. Tal linha de pesquisa foi escolhida, especialmente, por apresentar afinidades com pesquisas em desenvolvimento de integrantes do grupo e, também, por permitir um relacionamento com estudos presentes no Programa.

Em prosseguimento aos trabalhos, o grupo preocupou-se com a elaboração de um programa que possibilitasse atingir os objetivos do projeto *Memória Escolar e Tecnologia: Construindo, Registrando e Compartilhando.* A programação permitiu o estabelecimento de importante parceria com uma escola pública da cidade de Assis (SP.), a EE "Profª. Lourdes Pereira"; devido a essa parceria, foi conseguido um auxílio (financiamento) da Pró-reitoria de Graduação da UNESP.

Os primeiros resultados da iniciativa começaram logo a aparecer e, em 2008 e 2009, foram realizados os Seminários:

I. *Produção de pesquisa na área educacional e em áreas correlatas* e

II. *Contribuição dessas pesquisas na reflexão sobre o espaço escolar e a formação de professores.*

Os seminários contaram com a presença de pesquisadores ligados a grupos de estudos diferenciados e de pesquisadores convidados da UNESP, USP e UFAC. Os integrantes do *Grupo de Estudos e Pesquisa em Linguagem, Ensino e Narrativa de Professores (GEPLENP)* puderam, então, apresentar alguns dos resultados de suas pesquisas, incluindo a análise de dados obtidos com a participação da equipe da escola parceira.

Outros resultados dos trabalhos desenvolvidos pelo GEPLENP foram concretizados por meio da participação de seus integrantes em diferentes eventos científicos, ocasião em que foram apresentadas comunicações de pesquisa, cujos textos ou foram publicados ou tem previsão de publicação em periódicos de renome nacional.

Assim, o primeiro trabalho integrado ao projeto *Memória Escolar e Tecnologia: Construindo, Registrando e Compartilhando* – voltado para o estudo da escola pública e formação de professores – elegeu como ponto de partida a análise do perfil da EE "Profa. Lourdes Pereira" (Assis, SP). A meta sempre presente nas pesquisas é a busca de melhor compreensão de cotidianos escolares, de histórias de vida de professores, de gestores, de funcionários e de alunos ligados à escola pública.

A metodologia de pesquisa privilegiada tem envolvido estratégias diferenciadas, desde investidas sobre os arquivos escolares, captação e levantamento de registros de protocolos, narrativas conseguidas por meio de entrevistas com diversas personalidades (professores, gestores, alunos), análise de retificações e/ou ratificações dos entrevistados sobre as suas narrativas. O trabalho inclui as transcrições das respectivas entrevistas. Outra forma de captação de dados bastante valorizada pelos integrantes do *Grupo de Estudos e Pesquisa em Linguagem, Ensino e Narrativa de Professores (GEPLENP)* é a coleta de imagens (fotografias). Esse sistema possibilita uma maneira de captação de dados que pode permitir a construção de narrativas diferenciadas pelo olhar do fotógrafo e pelo ajuste de sua câmera. As diferentes maneiras de captar registros escolares, por meio de consulta a arquivos, narrativas de integrantes do contexto, histórias de vida ou por meio visual expressam representações diversas do universo escolar, que podem contribuir para uma melhor compreensão desse cotidiano e possibilitar um maior reconhecimento do "Campo Educacional".

As atividades do *Grupo de Estudos e Pesquisa em Linguagem, Ensino e Narrativa de Professores (GEPLENP)*, realizadas no desenvolvimento do projeto de pesquisa *Memória Escolar e Tecnologia: Construindo, Registrando e Compartilhando*, vêm concorrendo para o estabelecimento de uma aproximação entre a Universidade e a Escola Pública e propiciando um melhor entendimento recíproco do espaço da escola e do espaço da universidade. Da intensificação dessa reciprocidade poderá advir uma contribuição no sentido de estabelecer-se uma revisão de representações, por vezes expostas, sobre a existência de dicotomias envolvendo teoria/prática. Mais teoria na Universidade e mais prática na escolaridade?

## Memória e Identidade

Segundo António Nóvoa, "a maneira como cada um de nós ensina está diretamente dependente daquilo que somos como pessoa quando exercemos o ensino" (1992, p. 15). Nessa linha, estudos sobre temas educacionais não podem prescindir de uma atenção especial à ação de professores e das subjacentes problemáticas relacionadas, seja à sua formação, seja à sua vivência. Para Denice Catani, "questões dessa natureza podem e devem se multiplicar caso se queira compreender as especificidades do ofício" (1998, p.29).

Considerando que a proposta do *Grupo de Estudos e Pesquisa em Linguagem, Ensino e Narrativa de Professores (GEPLENP)*, no desenvolvimento do projeto *Memória Escolar e Tecnologia: Construindo, Registrando e Compartilhando*, está diretamente relacionada ao histórico de escolas, ao seu cotidiano – no caso, a escola a EE "Profª. Lourdes Pereira" (Assis, SP) –, o registro de histórias de vida por meio de diversificadas estratégias de pesquisa como entrevistas com pessoas que constroem esse histórico, vivenciam esse cotidiano, adquire uma dimensão muito especial, porque significa uma contribuição para um melhor reconhecimento do "Campo Educacional".

Algumas questões poderiam ser aventadas: quais as conexões existentes, segundo a visão dos entrevistados, entre as histórias de sua formação e as práticas que vêm escolhendo para dar respostas ao "como fazer" o seu trabalho? Como avaliam o eu profissional e o eu pessoal?

Segundo António Nóvoa a saída da crise de identidade dos professores

> [...] não passa pela multiplicação de controlos (sic) externos, mas antes por um trabalho de reflexão interno à própria profissão docente. [...] Uma nova relação entre a escola e a sociedade tem de basear-se, simultaneamente, num respeito pelo direito das famílias e das comunidades a participarem na acção (sic) educativa e num respeito pela autonomia e pelas competências profissionais dos professores. (1994, p. 29)

Assim, unindo-se as questões ensino e memória de professores, pode-se dizer que, quando se estimulam os professores a recuperar suas histórias vida, de suas relações dentro da escola, de suas leituras, de seu trabalho junto às disciplinas e a falar de resultados e de pretensões de conhecimentos, o que se busca, na verdade, é um entendimento sobre uma pluralidade de sentidos. Pluralidade que abrange não só o reconhecimento de identidades profissionais, mas também um dado contexto social. À medida que os protagonistas se reconhecem como atores das ações do dia a dia escolar, o impacto produzido induz à necessidade de novas reflexões sobre o seu eu espelhado e sobre o seu modo de atuar, de ensinar.

Assim, o caminho metodológico com o apelo a diferentes abordagens e à narrativa permite considerar que os trabalhos desenvolvidos e em andamento – dentro do projeto *Memória Escolar e Tecnologia: Construindo, Registrando e Compartilhando* – se configuram em instrumentos de pesquisa e de intervenção que propiciam não só oportunidade de reflexão sobre o "Campo Educacional", mas, literalmente, propiciam voz a sujeitos que ou são pouco ouvidos ou têm espaço restrito para se expor. Frequentemente tais sujeitos são retratados por outros atores e, como não poderia deixar de ser, segundo as visões histórico/analítica desses atores. O discurso dos próprios sujeitos no processo de escolaridade pode mostrar o que Walter Benjamin qualifica de "ATENÇÃO: DEGRAUS!"

Diz Benjamin: "O trabalho em uma boa prosa tem três graus; um musical, em que ela é composta, um arquitetônico, em que ela é construída, e, enfim, um têxtil, em que ela é tecida" (1987, p. 27).

Nessa linha pode-se dizer que os professores, na oportunidade de expor suas vivências, exercitam o dom de formar palavras, fazer ligações entre elas e tecer as histórias de suas vidas. Ao expor suas vozes interiores, dão sentido ao seu trabalho, às indicações aderidas ao significado de linguagens e ao ensinar/aprender.

Segundo Josso (2006, p.21), "trata-se, entre outras coisas, de dar legitimidade para a subjetividade explicitada fora de seus territórios reconhecidos nas literaturas e nas artes e nas psicologias analíticas".

Na relação que se estabelece entre, por exemplo, entrevistador e entrevistado, com a finalidade de atingir um dado conhecimento, está envolvida uma relação social específica. O sujeito que empresta a sua voz e o entrevistador que não é neutro constroem uma história sociocultural.

A metodologia invocada pode, portanto, possibilitar não apenas a coleta de narrativas e de suas transcrições, mas, também, exercitar um trabalho de maturação dos dados obtidos e um retorno aos sujeitos entrevistador e entrevistado que, eventualmente, estimule o encontro de novas respostas a temas ligadas ao campo educacional. Os sujeitos poderão rever-se na sua história profissional e vivência cotidiana e, sobretudo, como representantes dentro desse campo. Nesse contexto de reconhecimento, a avaliação do trajeto percorrido – organizada a partir da postura própria das relações dialéticas e dialógicas – permitirá identificações, afirmações e negações que poderão compor aperfeiçoamentos de ordem profissional e novas concepções de identidade.

Assim, certamente, ocorrem, ao longo do percurso, revisões de posições dos lados envolvidos, pesquisador e pesquisado. Dessa forma, a invocação à narrativa como modalidade de pesquisa abrange processos que estimulam, tanto pesquisador como pesquisado, a repensar conceitos e representações relacionadas ao campo educacional, convidando a uma reescrita da história contextual.

Nessa perspectiva, as histórias de vida, em termos de procedimento de pesquisa, se configuram em elementos integrados ao processo de formação de professores. Expor o professor como centro de debates e de investigação envolve um processo amplo que se pode desdobrar em várias vertentes no sentido de fonte de pesquisa. Um exemplo: como os diferentes saberes privilegiados num dado momento atuaram na formação do professor e, por extensão, na sua forma de exercer a docência (CORRÊA & GUIRAUD, 2009).

Assim, a questão memória/profissão docente e resultados obtidos (por meio de fontes orais, escritas e acervos escolares) está possibilitando ao *Grupo de Estudos e Pesquisa em Linguagem, Ensino e Narrativa de Professores (GEPLENP)*, em seus trabalhos, a visualização de um retrato do campo educacional, ainda que circunscrito a um determinado tempo histórico, a uma determinada comunidade e a uma dada escola.

Considerando esse entendimento, a preocupação do grupo de estudos com a produção e a organização de acervos contendo fontes orais (entrevistas com professores e pessoas ligadas à escola EE "Profª. Lourdes Pereira"), documentos escritos e fotografias, pode contribuir para o melhor conhecimento seja da história da escolaridade de uma comunidade (Assis, SP), seja da própria dinâmica da sociedade de modo geral, em determinado momento histórico. Pode, ainda, configurar-se em um retrato pedagógico de conceitos aceitos ou adotados por setores diferenciados que compõem a comunidade escolar especifica e a comunidade mais ampla. Atores que transitaram ou transitam na vida social vão construindo a história de escolas e de cidades.

Como afirma Pierre Nora:

> A memória é a vida, sempre produzida pelos grupos que vivem e, sob esse aspecto, está em evolução permanente, aberta à dialética da lembrança e do esquecimento, inconsciente de suas deformações sucessivas, vulnerável a todas as utilizações e manipulações, suscetível de longas latências e frequentes reutilizações. A História é a reconstrução sempre incompleta e problemática do que não é mais. A memória é um fenômeno sempre atual, um elo vivido no presente eterno; a história uma representação do passado. (1994, p. XIX)

Numa discussão envolvendo a relação memória e história não pode ser desconsiderado o papel das mediações e representações sociais, elementos essenciais para o entendimento do tema. Mediação e representações sociais são interfaces da relação. Elas compõem o grande emaranhado que sustenta as movimentações culturais nas quais escola e professores estão inseridos.

Segundo Jesus Martín-Barbero (2001), a mediação traduz a existência de um conjunto de fatores que se interpõem entre emissor e receptor, interferindo na compreensão dos sentidos do mundo que, assim, se torna cada vez mais complexa. Esses fatores incluem, entre outros, hábitos, costumes, crenças, determinações espaciais, socioeconômicas, mídia, escola, leituras, religião, gênero. O quadro relacional no interior das culturas é, portanto, complexo e mediado por variáveis objetivas e subjetivas.

Instrumentos de resistência e de superação de obstáculos, num dado universo não podem ser reduzidos à luta de classes. A sociedade é multifacetada, híbrida culturalmente e exige *performances* individuais e coletivas muito elaboradas.

Diz Martín-Barbero: "[...] o que está mudando não se situa no âmbito da política, mas no da cultura, e não entendida aristocraticamente, mas como 'os códigos de conduta de um grupo ou um povo'" (2001, p. 70-71). O autor considera a cultura como algo profundo e subjacente que está arraigado nos hábitos e nos costumes de um povo ao longo da história e afirma que tudo pode ser destruído e vir abaixo, mas a organização cultural, os modos de se conceber o mundo e a sobrevivência da memória de um povo não são facilmente destrutíveis e perduram em consonância com as resistências inerentes aos sujeitos.

As representações se constituem num conjunto de fatores individuais e coletivos posicionados dialeticamente e que resultam em maneiras de os sujeitos sociais encararem o mundo. Esse jogo de relações, frequentemente pautadas em confrontos e contradições, delineia os sentidos cotidianos do mundo.

Uma investigação sobre representações envolve sempre o conhecimento de um fato, de "um acontecimento" sociocultural expresso de alguma forma, narrativas orais, escritos, imagens, presentes ou resguardadas que constituem o processo histórico.

Roger Chartier afirma:

> Daí as tentativas para decifrar de outro modo as 60 sociedades, penetrando nas meadas das relações e das tensões que as constituem a partir de um ponto de entrada particular (um acontecimento, importante ou obscuro, um relato de vida, uma rede de práticas específicas) e considerando não haver prática ou estrutura que não seja produzida pelas representações, contraditórias e em confronto, pelas quais os indivíduos e os grupos dão sentido ao mundo que é o deles. (1991, p. 177)

A elaboração do passado é tarefa essencial em pesquisas sobre as diferentes áreas do saber e, de modo especial na área educacional. Na História da Educação a análise de memórias tem sido apontada como ponto de partida para outras abordagens, seja de historiadores seja de educadores. Os estudos sobre memória têm-se destacado como constitutivos de diversos entendimentos sobre sujeitos sociais e sobre sociedades de modo geral.

Para Vani Moreira Kenski

> [...] a memória se transforma, ela acompanha as alterações ocorridas na vida das pessoas, ainda que estruturalmente mantenha forma física, a 'concretude' dos acontecimentos do passado. Em seus dois movimentos – a retenção e a lembrança – a memória apreende e recupera seletiva e subjetivamente os acontecimentos do cotidiano e os transforma. Na memória há sempre uma leitura particular da realidade e uma reconstrução, conforme as necessidades. (apud BARBOSA, 1994, p.292)

Nessa linha, o interesse do *Grupo de Estudos e Pesquisa em Linguagem, Ensino e Narrativa de Professores (GEPLENP)* pela produção e organização de acervos, compostos, em especial, por relatos de professores da escola EE "Profª. Lourdes Pereira" (Assis, SP), configura a composição de um painel que, simultaneamente, propicia maior visibilidade à escola e, sobretudo, à sua atuação como empreendimento que se preocupa com a qualidade da educação na cidade. A busca de subsídios sobre a memória de educadores concorre, de modo geral, para a melhor percepção de especificidades contidas no processo educacional, no que se refere tanto a aspectos ligados à profissionalização do docente, como ao desenvolvimento do ensino e da aprendizagem e, por extensão, concorre para a melhor compreensão da memória cultural e social, foco da atuação de professores.

Dessa forma, uma pesquisa de "campo", na perspectiva orientada por Pierre Bourdieu (1983), significa o entendimento de que a sociedade dividida em campos estrutura-se sob uma lógica própria, na qual o confronto de forças (ortodoxas e heterodoxas) entre seus integrantes constitui a sua natureza. Também a busca por mudança de posições (da periferia do campo para lugares mais centrais e privilegiados) é uma constante nessa configuração dinâmica; os capitais culturais são a força motriz dessas movimentações.

Nas palavras de Bourdieu:

> Os campos se apresentam à apreensão sincrônica como espaços estruturados de posições (ou de postos) cujas propriedades dependem das posições nesses espaços, podendo ser analisadas independentemente das características de seus ocupantes (em parte determinadas por elas). [...] Mas sabe-se que em cada campo se encontrará uma luta [...] entre o novo que esta entrando e que tenta forçar o direito de entrada e o dominante que tenta defender o monopólio e excluir a concorrência. (1983, p. 89)

Assim, o conhecimento melhor de um "campo", por meio da formação de um acervo contendo a memória de uma escola e de seus professores, constitui-se em registro para a interpretação histórica de ações desenvolvidas em escolas, em material de pesquisa para profissionais interessados e em possibilidade de incentivo a ações transformadoras que promovam uma compreensão mais eficaz do tempo e do espaço escolar, fazendo-o perceber como elemento vivo e integrante da vida comunitária e contribuindo, também, para a caracterização da identidade historicamente construída.

## Discurso e subjetividade

Segundo Jean Penneff (1990, p. 106), toda ação se configura num processo histórico reflexivo construído mentalmente pelos atores no momento de sua realização. Essa construção é influenciada pelas mudanças e pelas redefinições da situação concreta transitória na qual os atores estão colocados no curso da ação.

Nessa perspectiva, uma análise de discurso de professores para a constituição de um acervo escolar envolve apresentação e argumentação sobre a trajetória de vida dos colaboradores, assim como discussão sobre formação escolar e profissional, objetivos alcançados, dificuldades ultrapassadas e perspectivas futuras.

Para esta parte do texto foram selecionadas duas entrevistas realizadas no ano de 2008: a primeira delas contou com a colaboração de um professor da área de Ciências Humanas, identificado no texto, como *Professor I*; o outro entrevistado colaborador dedica-se à área de Ciências Exatas e está identificado no texto como *Professor II*. Ambos são formados em universidades públicas, possuem mestrado e apresentam experiência no ensino superior privado. O *Professor I* tem experiência na gestão escolar e na coordenação pedagógica, além de estar há mais de vinte anos na rede pública de ensino do Estado de São Paulo. Já o *Professor II* tem aproximadamente uma década de experiência docente na mesma rede pública.

No discurso do *Professor I* prevaleceu sua história de vida pessoal e econômica na condução e na representação de sua história de vida profissional. O professor veio de zona rural e constituiu-se profissionalmente na zona urbana. Assim, os eventos relatados são significativos por si próprios.

> Eu enfrentei muita dificuldade a princípio por que eu morei na zona rural durante muitos anos. [...] Eu era um bicho do mato. Quando cheguei à cidade tive que enfrentar uma situação muito diferente, foi bastante difícil para mim a adaptação. Fiz o curso de História e o choque cultural foi muito grande, por que você vai para uma UNESP, sai de uma escola de zona rural, costumes e modos de pensar muito diferentes e um curso [...] História, né? [...] Quando terminei o curso não tinha ideia do que seria professor. Gostei demais do curso, mas não tinha concebido que eu tinha feito um curso de licenciatura e era para ser professor. Continuava trabalhando na farmácia quando um belo dia me ligaram oferecendo as aulas de uma licença [...] aquilo foi um terror, o medo, a insegurança, pois nunca tinha entrado numa sala de aula como professor, sem contar com a timidez que me aterrorizava. [...] mas acho que foi válida a experiência [...].

Nessa trajetória, marcada pela origem e orientada pelo discurso da superação, nota-se uma ênfase na distinção entre o sujeito pesquisador e o sujeito professor. Essa dicotomia, muito presente em pesquisas no campo educacional, é reforçada ainda mais na sequência da narrativa.

> Eu não me imaginava professor. Me tornei professor no decorrer dos anos atuando. O aprendizado da sala de aula, o preparo das aulas, etc. A academia não nos forma para isso. Somos formados para atuar como pesquisador e não como professor [...].

Nos relatos seguintes sobre a vida profissional e sobre o seu pertencimento ao campo, pode ser anotado que não foi apenas realçada a dicotomia entre o professor e o pesquisador na construção de sentidos, mas também a distinção entre trabalho docente, trabalho administrativo e trabalho em outros setores da educação. Quando se refere ao trabalho docente, o *Professor I* faz maior apelo ao verbo "dar" e, para falar da função administrativa, ao verbo "trabalhar". Da mesma forma, o apelo ao verbo "trabalhar" aparece quando o tema diz respeito ao período profissional fora do magistério.

> [...] Não tive uma vida fácil, pois venho de uma família de baixa renda, durante o ensino médio e mesmo o fundamental eu trabalhava na roça. O ensino médio fiz a noite para trabalhar o dia todo, e quando digo trabalho, quero dizer enxada na mão, não foi fácil pra mim.

A preferência pelo verbo "dar" para o ato de lecionar é, de certa forma, aceita culturalmente, contudo não deixa de apontar o sentido que a profissão docente tem em representações acerca do magistério.

Na busca de um panorama geral de representações por meio de discursos é importante salientar o papel dos campos semânticos na sustentação e/ou construção de sentidos, o que vigora também no que concerne à educação.

Considerando-se os sentidos trazidos pelo uso das palavras como representações da memória de um campo, uma apreciação sintética do conjunto da colaboração do *Professor I* permite ressaltar questões importantes aderidas à história da educação brasileira. Por exemplo, o fato de a profissão docente poder ser exercida em concomitância com outras profissões, inclusive, muitas vezes, de maneira secundaria, e também o fato de as histórias profissionais de muitos professores apresentarem pontos de interseção, no que diz respeito às dificuldades socioeconômicas, à escolha da licenciatura como uma segunda alternativa e às dificuldades de locomoção e definição no interior do campo.

Outro ponto de interseção com histórias de vida de professores pode ser relacionado ao fato da preservação de uma visão pragmática, que nem sempre considera a complexidade das mediações inerentes à natureza do trabalho docente. Esse viés talvez seja uma decorrência de o campo educacional abranger áreas de saber muito diversificadas.

Essa característica multifacetada implica em considerar as mediações presentes no espaço escolar. Na escola o matemático, o historiador, o físico, o profissional das letras não se encontram somente para exercitar suas ciências de origem, mas também em outro campo, no qual todas essas áreas convivem com objetivos voltados a um público específico, o da escola. Este público, por sua vez, requer resultados híbridos, interrelacionados, interdisciplinares.

Trata-se de uma ordenação diferente das que existem nas áreas específicas. Dessa forma, para se compreender melhor as relações mediadoras que tecem os efeitos de sentido do campo educacional, é importante uma investida na arquitetura, ora superficial, ora profunda do discurso emitido pelos integrantes desse campo. Um exemplo é o do recurso ao verbo "dar" e "trabalhar". Eles apontam para representações arraigadas culturalmente.

Os discursos de colaboração tanto do *Professor I* como a do *Professor II* apresentam semelhanças e diferenças. As semelhanças se referem mais ao olhar pragmático lançado sobre a escola e o aluno. A função no magistério foi acompanhada, tanto por um como pelo outro, pelo exercício de outras funções, alheias ao magistério. A diferença está, justamente, na fusão das histórias de vida pessoal e profissional, que, por sua vez, estimulará uma determinada representação acerca da profissão. Para o *Professor I* a lógica liga-se mais ao pragmatismo e à facilidade para aderir a circunstâncias da vida social. O *Professor II* aposta no êxito via valores incorporados no âmbito familiar.

> Eu acho que a pessoa não querer nem saber fazer as coisas a falha é de casa, e hoje em dia a maioria dos pais deixa a escola ensinar o filho a ser gente e joga o filho na escola, não importa se vai aprender ou não, não estando em casa para atrapalhar, ou não estando na rua, as não se envolve na vida dos filhos,

não está nem aí. Tem pais que acompanham o aluno, mas tem uns que parecem não ter pais.

As mediações relacionadas ao aspecto espacial (urbano e rural) parecem exercer influencia nas representações:

> Meu pai era médico e minha mãe fez Pedagogia. [...] minha mãe sabia dos meus objetivos de estudar e ela sempre tentava ajudar, ajudava a decorar, a única coisa que meu pai exigia da gente era estudar, era nossa única obrigação com eles, e o que eles investiram foi em formar nós quatro, um fez medicina, outro Química, eu Física e outro Matemática, e esse que fez Matemática é professor concursado, o que fez Química é concursado na Embrapa e o médico é concursado do Hospital Regional [...] se os pais incentivassem os filhos na escola, ia longe.

Na busca de uma apreciação exemplificativa sobre narrações de colaboradores para a formação de um acervo sobre a memória da escola parceira, EE "Profa. Lourdes Pereira", levada adiante na pesquisa que está sendo desenvolvida pelo *Grupo de Estudos e Pesquisa em Linguagem, Ensino e Narrativa de Professores (GEPLENP)*, como parte do projeto *Memória Escolar e Tecnologia: Construindo, Registrando e Compartilhando*, pode-se dizer que as representações expostas pelos *Professores I* e *II* sobre o campo educacional apresentam diferenças especialmente nos aspectos seguinte. O *Professor I* diz que estar na educação é estar para fazer a diferença:

> Fazer a diferença. Eu já cheguei a confrontar alguns colegas educadores e disse que nem que se multiplicassem seus salários eles fariam sua parte corretamente, porque o salário é uma consequência, o nosso objetivo deve ser fazer a diferença na vida de alguém independente da remuneração.

Diz ainda o *Professor I:*

> Vejo assim: se o educador adota a postura de fazer diferença ele não pode parar nunca, de ler, estudar, se preparar e rever conceitos, e se ele para onde acabou o curso ele não é educador, é apenas um repetidor.

No conjunto de seu relato o *Professor I* aponta falhas que afetam negativamente a rede pública de ensino e propõe como possível alternativa o ensino profissionalizante. Uma visão pragmática – visão operacional presente entre representantes de outros setores da vida social – aparece também nas representações do campo educacional.

> [...] a minha formação no ensino médio foi de auxiliar técnico em zootecnia. O ensino médio cresceu significativamente e o estado não tem como atender a todos, as vagas em universidades são restritas, então como diz a LDB, temos que formar esses jovens para cidadania e para o mundo do trabalho e se a universidade não consegue absorver, será através da formação técnica, para atender o mercado como hoje ele está.

Na entrevista do *Professor II* a escola é percebida especialmente como um instrumento para se atingir, dentre outros degraus, o ingresso numa universidade pública. No conjunto, o seu relato lança muita responsabilidade sobre a estrutura familiar, os alunos e seus comportamentos.

> [...] mas parece que os alunos não querem aprender e a gente não sabe o que fazer para fugir disso, olha o barulho que eles fazem, acho que falta um pouco de desconfiometro da parte deles, talvez a falha seja essa, os próprios alunos [...] não passam no vestibular acaba tendo que ficar mais um ano estudando, e presta a faculdade particular mesmo, mas se levasse um pouco mais a sério não precisava [...].

## À guisa de conclusão

O panorama das atividades desenvolvidas pelo *Grupo de Estudos e Pesquisa em Linguagem, Ensino e Narrativa de Professores (GEPLENP)* como parte do projeto *Memória Escolar e Tecnologia: Construindo, Registrando e Compartilhando* aponta para um avanço do conhecimento do perfil da escola EE "Profª Lourdes Pereira" e para a concretização da parte dos objetivos propostos pelo projeto. Em relação às atividades já desenvolvidas, pode-se dizer que concorreram para uma melhor compreensão do campo educacional na cidade de Assis e, por extensão, no Estado de São Paulo. O apelo à metodologia embasada na narrativa com ênfase em referências a mediação, representações e conceito de "campo" possibilitou a apresentação de faces do perfil do espaço escolar, em especial, por meio da análise de extratos de entrevistas de professores colaboradores.

Os trabalhos desenvolvidos em conjunto pela Escola Pública e pela Universidade mostram os espaços onde se realizam as atividades e suas diversidades e, acredita-se, concorrem para, além da aproximação escola/universidade/comunidade, um amadurecimento teórico/prático de pesquisa, ensino e extensão. Propiciam maior visibilidade à escola e aprimoramento da interação entre a equipe escolar e as representações dos estudantes sobre a instituição da qual são parte essencial. Incentivam a reflexão sobre a formação docente e sobre a educação de modo geral.

A partir da experiência realizada na EE "Profª Lourdes Pereira", o *Grupo de Estudos e Pesquisa em Linguagem, Ensino e Narrativa de Professores (GEPLENP)*, no encaminhamento do projeto *Memória Escolar e Tecnologia: Construindo, Registrando e Compartilhando*, pretende estender o projeto a outras unidades escolares, conforme a disposição de colaborar de cada uma delas. O desenvolvimento das ações seguirá um ritmo que possa ser articulado ao processo de ensino. A busca é de uma configuração que possa auxiliar o processo educativo, potencializar a ação reflexiva e transformadora para melhor compreensão do tempo e do espaço escolar como elemento vivo e integrante da vivência escolar

A expectativa dessas ações é estabelecer um encontro entre o universo escolar e a universidade, construindo mecanismos que permitam o reconhecimento de singularidades das escolas de Assis e a organização de propostas para a melhoria da qualidade do ensino público.

Demais integrantes do Grupo: Emery Marques GUSMÃO (UNESP/GEPLENP) Reginna Aparecida de Siqueira (UNESP/GEPLENP) Bolsistas - PROGRAD: Bruno Garcia dos Santos (História - UNESP/Assis), Daniele Galvani (Letras – UNESP/Assis), Derlei Alberto dos Santos (Psicologia – UNESP/Assis), Karina Gomes de Lima (Letras – UNESP/Assis), Michelle Possamai (Letras – UNESP/Assis); Lilian Thiago Montanha (Psicologia – UNESP/Assis), Renan Fornaziero de Oliveira (Letras – UNESP/Assis), Rosaria Boldarine (PPG em Educação – UNESP/Marília - SEE), Samir Mustapha Ghaziri (PPG em Educação – UNESP/Marília).Amanda Valiengo (PPG em Educação – UNESP/Marília); Benedita Aparecida Camargo (FACINTER/GEPLENP).

## Referências bibliográficas

BAKHTIN, M. *Marxismo e filosofia da linguagem*. 12. ed. São Paulo: Editora Hucitec, 2006.

BARBOSA, Raquel L.L.; RIBEIRO, Ricardo. *Sobre a formação de educadores*. Águas de São Pedro. SP, UNESP, 1, 1994.

______. *A Construção do "herói"*. Leitura na Escola – Assis 1920/1950. São Paulo: UNESP, 2001

BENJAMIN, Walter. *Rua de mão única*: obras escolhidas. Tradução Rubens Rodrigues Torres Filho; José Carlos Martins Barbosa. São Paulo: Brasiliense, 1987.

BOURDIEU, P.. *Questões de sociologia*. Rio de Janeiro: Ed. Marco Zero, 1983, p. 89-94.

______. *Contrafogos*: táticas para enfrentar a invasão neoliberal. Tradução Lucy Magalhães. Rio de Janeiro: Jorge Zahar, 1998.

______. *Escritos de Educação.* Tradução Magali de Castro. Petrópolis: Vozes, 1998.

BUENO, Belmira; CATANI, Denice Bárbara; SOUZA, Cynthia Pereira de (Orgs.). *A vida e o ofício dos professores.* São Paulo: Escrituras, 1998.

CATANI, D.B. Lembrar, narrar, escrever: memória e autobiografia em história da educação e em processos de formação. In: BARBOSA, R.L.L. *Formação de educadores:* desafios e perspectivas. São Paulo: Editora UNESP, 2003, p. 159-169.

CHARTIER, R. *A história cultural:* entre práticas e representações. Tradução Maria Manuela Galhardo. Rio de Janeiro: Bertrand do Brasil, 1990.

CORRÊA, Rosa Lydia Teixeira; GUIRAUD, Luciene. Possibilidades e Limites de Histórias de vida por meio de Depoimentos orais na História da formação de Professores. *Rev. Diálogo Educ.*, Curitiba, v. 9, n. 28, p.671-686, set/dez. 2009.

FREYRE, G. *Casa-Grande & Senzala.* 50. ed. São Paulo: Global, 2005.

JOSSO, M. C. Os relatos de histórias de vida como desvelamento dos desafios existenciais da formação e do conhecimento: destinos sócio-culturais e projetos de vida programados na invenção de si. In: SOUZA, E.C., ABRAHÃO, M.H.M.B. (Orgs). *Tempos, narrativas e ficções:* a invenção de si. Porto Alegre/Salvador: EDIPUCRS/EDUNEB, 2006.

MARTÍN-BARBERO, J. *Dos meios às mediações.* Rio de Janeiro: UFRJ, 2001.

NORA, P. (Org). *Ensaios de ego-História.* Lisboa: Edições 70, 1989.

NÓVOA, Antônio. Os professores e as histórias de sua vida. In: NÓVOA, Antônio. (Org.) *Vida de professores.* Porto: Porto Editora, 1992, p.11-30

PENNEFF, J. *La méthode biographique*: de l'école de Chicago à l'histoire orale. Paris: Armand Collin, 1990.

# Escolas indígenas, memórias ancestrais e tradição

*Maria Aparecida Bergamaschi*

> *O professor kaingáng precisa resgatar e valorizar as formas tradicionais kaingáng de repassar os conhecimentos para os jovens, porque essas formas não são meros métodos em fase de experimentação, mas sim metodologias aplicadas, avaliadas e aperfeiçoadas através dos tempos. Saberes estes não disponíveis em nenhuma universidade, mas, apenas, na memória dos nossos velhos, adormecida e anestesiada pelo sofrimento da discriminação e do preconceito de uma sociedade que não soube reconhecê-los.*
>
> (Andila Nĩvygsãnh Inácio, 2009)

Abordo, nesse trabalho, como compreendo o movimento que faz diferenciada a escola indígena que vigora nas aldeias. A escola destinada aos povos originários tem sua história ligada à colonização e, até quase o final do século XX, foi imposta com a finalidade de integrá-los à suposta comunidade nacional, por meio de práticas destruidoras do modo de vida de cada povo. A partir de um processo de apropriação[1] da educação escolar, conduzido por seus intelectuais e

1. Apropriação traduz o movimento de tornar algo próprio, adequado às necessidades de quem se apropria, mesmo que na origem esse bem não lhe pertença. Compreendo que, através dos sentidos próprios que conferem à escola na aldeia, os povos indígenas se apropriam dela, tornando-a também sua. Certeau (1994, p. 261) diz que apropriação é o fato de um determinado setor da sociedade tomar para si uma prática social tida como das elites e recriá-la. Significa, segundo o autor, tornar o bem assimilado "semelhante ao que se é, fazê-lo próprio, apropriar-se ou reapropriar-se dele".

lideranças, os povos indígenas vêm instituindo em suas aldeias a escola específica e diferenciada. Como ocorre esse processo? Como se configura a escola na relação entre o currículo convencional inspirado nos saberes da sociedade não-indígena e as inspirações advindas das memórias ancestrais e da tradição de cada povo indígena?

Tomo como ponto de partida para as reflexões aqui propostas as palavras citadas como epígrafe do texto, ditas por Andila Nĩvygsãnh, professora kaingang que recentemente concluiu sua especialização na Faculdade de Educação da Universidade Federal do Rio Grande do Sul. A afirmação da professora e intelectual kaingang é bastante representativa do movimento que, aos poucos, vai fazendo específica e diferenciada a escola que vigora nas aldeias. Observa-se que ainda é um movimento de tomada de consciência, de dar-se conta que a educação escolar indígena assim se configurará por meio do protagonismo dos principais interessados, ou seja, professores, lideranças, intelectuais e a própria comunidade indígena, tomando como referência as memórias ancestrais e os saberes tradicionais. Sustenta estas reflexões as pesquisas que venho desenvolvendo acerca da educação indígena, inicialmente junto a aldeias do povo Guarani e, mais recentemente, também com algumas aldeias Kaingang. Meu primeiro movimento, investigando a educação escolar Guarani, buscou os significados atribuídos à escola por essa sociedade que, a um só tempo almeja e rejeita a escola, dela se aproximando e se afastando, num movimento que mostra, entre outras questões, o cuidado que tem em imputar à escola parte da educação de suas crianças e da formação da pessoa[2].

Esse cuidado é compreensível, diante das históricas práticas escolares impostas aos povos indígenas, inseridas no processo de colonização que, até quase o final do século XX teve como principal finalidade cristianizá-los e integrá-los à suposta comunidade brasi-

2. Os principais resultados destas pesquisas foram recentemente publicados em BERGAMASCHI, Maria Aparecida; MENEZES, Ana Luisa Teixeira de. *Educação ameríndia:* a dança e a escola Guarani. Santa Cruz do Sul, RS: EDUNISC, 2009.

leira, por meio da imposição de métodos e saberes da sociedade ocidental que, historicamente, desvalorizaram os modos próprios de educação. No entanto, cada povo indígena soube também se apropriar da educação escolar[3], sendo que nas últimas décadas do século XX, mais precisamente a partir dos anos 70, presenciamos um forte movimento que institui a escola específica e diferenciada. E, em decorrência da luta organizada dos povos ameríndios, é produzido um aparato legal assentado na Constituição Federal de 1988, na Lei de Diretrizes e Bases da Educação Nacional de 1996 e em outros documentos legais que expressam e legitimam a Educação Escolar Indígena no Brasil.

Essas leis têm importância por constituírem "ferramentas de luta", como dizem os indígenas. No entanto, também é reconhecido que por si só esse aparato legal não constitui a escola com a característica que cada povo, cada sociedade indígena almeja para si. Se a Constituição Federal assegura às comunidades indígenas o uso de suas línguas maternas nas escolas da aldeia, as lideranças que discutem e aprofundam o modelo de escolarização que querem e precisam, reconhecem que "o ensino diferenciado é muito mais do que alfabetizar na língua materna, pois precisa estar alicerçado na forma tradicional de ensinar de cada povo indígena", como afirmou Andila Nĩvygsãnh (2009). Mas como instituir essa escola diferenciada?

Há um reconhecimento da força homogeneizadora da escola; há uma compreensão entre os guarani e os kaingang que a escola, mesmo funcionando em suas aldeias, mesmo com professores indígenas muitas vezes indicados pela comunidade, mesmo assim é uma instituição de "branco". Deixam subentendido em suas falas que a compreendem como constituída e constituidora de outra concepção de mundo, de outra ordem, a ordem ocidental. Essa ordem é resultante "de la trama milenar tejida por ese trigno cosmológico", a sa-

3. Entre outros pesquisadores, Tassinari (2001) reconhece que não é passiva a recepção de instituições vindas de fora por parte das populações indígenas e que a implementação da escola nas aldeias recebe uma resposta diferenciada por parte cada grupo.

ber: "helênica, cristiana y moderna" (DORNELES, 1996, p.62). Não só a escola é resultante desse processo, mas também a força que incitou a conquista e a colonização do Novo Mundo pela Europa.

No interior da cosmologia ocidental moderna, inspirada na ciência que ordena o mundo e fragmenta o conhecimento, constitui-se a escola, como um projeto educativo para a formação do cidadão, com uma identidade nacional. Diz Elias (1994) que o controle do indivíduo, na sociedade moderna, saiu das mãos das tribos, das paróquias, dos feudos e guildas e transferiu-se para um Estado centralizado e urbano. A sociedade, mais complexa e especializada, implementou formas de segregação espacial e temporal, particularmente das crianças e jovens, tornando a trajetória educativa cada vez mais longa e complicada, distanciada da família e do trabalho. A escola, assentada numa verdade supostamente universal da ciência e da razão, no cristianismo e no conhecimento disciplinar, com o tempo, passou a ser obrigatória, expandindo-se para propagar o processo civilizador, desencadeado a partir da Europa. A ideia de escola como *locus* específico e único de educação adquiriu universalidade e naturalizou-se. A sociedade ocidental moderna tornou-se escolarizada, expandindo essa instituição para dentro das terras indígenas.

Observo que a escola indígena nas aldeias tem como função importante construir um "patrimônio para a interculturalidade", ensinando o "sistema do branco" e possibilitar o conhecimento das sociedades envolventes a fim de obter condições concretas para o diálogo, incluindo nesse rol de conhecimentos a língua portuguesa. Almejam, também, que alguns de seus estudantes sigam o caminho acadêmico para formarem profissionais que atuem em áreas estratégicas das políticas indigenistas, hoje majoritariamente ocupadas por não-indígenas. Por outro lado, as comunidades levam em conta o poder dessa escola e almejam construir para si uma instituição com feições próprias ; visam impedir danos maiores ao modo de vida das sociedades indígenas e, por isso, buscam inspiração nos saberes e métodos tradicionais de ensino, cuja fonte principal é a "memória dos velhos". Esses dois caminhos que assentam o movimento da escola específica e diferenciada nas aldeias andam juntos e constituem pré-ocupações de lideranças, professores e intelectuais indígenas.

Portanto, mesmo almejando a escola e valorizando seus conhecimentos que lhes permite um diálogo mais compreensível e equilibrado com o mundo não-indígena, as lideranças também sabem que é uma porta por onde entra o "fascinante conhecimento ocidental", com sua perspectiva de verdade única, de superioridade em relação aos povos indígenas. E por isso mostram-se atentos. Penso que é nessa perspectiva que se intensifica um movimento que busca nas memórias ancestrais e na tradição sua principal inspiração para o fazer escolar, como fica evidente no depoimento de Andila Nĩvygsãnh, no início deste texto.

## Indianizando a escola

Metodologicamente apoiada numa descrição de cunho etnográfico realizada no "estar-junto" nas aldeias próximas a Porto Alegre[4] e na "com-vivência" com professores e estudantes indígenas que afluem à Universidade, evidencio "artes do fazer" escolar indígena que corroboram nesse movimento que, a meu ver, vem processualmente indianizando a escola. "Os velhos são nossas bibliotecas"; "nós escrevemos, mas eles [os mais velhos] têm a sabedoria", afirmam professores Kaingang e Guarani[5], exemplificando estratégias próprias para constituir a escola, embasadas nos saberes dos mais velhos, na tradição e na memória ancestral. O professor Guarani que

4. As reflexões desse texto consideraram, principalmente, o trabalho etnográfico realizado em três aldeias: aldeia Guarani Anhetenguá, situada na Lomba do Pinheiro, município de Porto Alegre; aldeia Guarani Jataí'ty, situada no Cantagalo, divisa entre os municípios de Porto Alegre e Viamão e a aldeia Kaingang Topẽ Pãn, situada no Morro do Osso, Porto Alegre.

5. É importante destacar que nem todas as escolas indígenas têm o mesmo tipo de funcionamento, mantendo características de cada etnia. Mesmo considerando as escolas de um povo observam-se diferenças relacionadas às especificidades daquela aldeia.

atua na escola *Anhetenguá* foi indicado pelas lideranças tradicionais da aldeia. Num prédio construído especificamente para tanto reúne um grupo de vinte a vinte e cinco crianças e desenvolve as aulas quase que exclusivamente na sua língua materna. Os processos e práticas de escolarização que aí predominam lembram muito de longe a normatização exercida pela escola na sociedade não-indígena. Na aldeia, a escola se configura em tempos e espaços fluidos, cujo currículo se assenta, principalmente, em atividades de ler e escrever em guarani e português. Sobretudo, se apresenta como uma presença ambígua e contraditória, entre um querer e um não querer, como deixa antever a fala de uma liderança.

> A princípio sou a favor da escola, acho que é uma arma boa. Antigamente a escola destruía a tradição, o idioma. As pessoas iam para a cidade estudar e não voltavam mais, desprezavam os parentes. Mas hoje as coisas mudaram. Penso nos meus filhos, gostaria que aprendessem a ler, que aprendessem as leis, só isso que posso ajudar.

Na escola bilíngüe *Topẽ Pãn* as crianças aprendem ler e escrever em Kaingang e Português simultaneamente. O ensino do idioma kaingang associado ao estudo de aspectos da cultura indígena faz da escola um importante instrumento de organização e luta pelo direito à terra. Para essa comunidade, ter uma escola que pratique diariamente o seu idioma é muito importante, pois o contato intenso com a cidade faz com que as crianças e algumas famílias, falem predominantemente português no seu dia-a-dia. Na escola as crianças têm a oportunidade de usar o idioma originário com respeito e valorização. A cada visita à aldeia, o professor nos faz notar o quanto a língua kaingang está mais fortalecida, pois além das crianças usarem a "linguagem" na escola, fomentam seu uso junto aos familiares. "Uma sala de aula voltada para nossa cultura, para nosso idioma", diz o cacique, caracterizando a escola que querem e necessitam.

Conversando com as crianças desta escola sobre o significado do uso da língua kaingang na escola, todas dizem que "falar o *indioma* é importante para conquistar a terra". Continuei a indagá-las dizendo que se eu aprendesse o idioma kaingang poderia também conquistar uma terra e a reflexão que fizeram mostra a compreensão de pertencimento e das identificações com a ancestralidade indígena: "teu pai e teus avós não são *índio*". Há, principalmente nestas aldeias cujo contato com o mundo não-indígena é intenso, um cuidado em afirmar o que chamam de tradição, de saberes ancestrais.

As lideranças afirmam que "não é só o professor que deve construir a proposta, mas toda a comunidade" e, por sua vez, os professores reconhecem que são questões espirituais, de terra, de cosmologia, somadas à vontade das lideranças, que exigem um bom trabalho na escola. O bom trabalho, segundo eles, é o que prepara as crianças para a continuidade dos estudos na escola não-indígena[6], mas, principalmente, o que segue às orientações das lideranças. "Nossos livros de história são os velhos, são os Kujã" reafirma o professor Kaingang, reconhecendo que mesmo tendo cursado a escola e sabendo escrever, "os velhos é que são formados, não nós", referindo-se à formação dos saberes tradicionais. Nesse sentido, evidencia-se um conflito entre o professor que detêm o conhecimento – da escrita e do mundo não-indígena – e os velhos, detentores da tradição, criando uma ambigüidade para a educação escolar indígena que, em parte, justifica a necessidade da comunidade "controlar" seu professor. Como já mencionai, os professores, tanto Kaingang como Guarani, elegeram os velhos como seus formadores e ocupam um lugar de "intermediários", "mediadores" dentro da aldeia. Ensinam na escola, também, o que os mais velhos não sabem, como ler e escrever, conhecimento que faz parte do "sistema

6. As escolas, nestas aldeias que observo, oferecem apenas os anos iniciais do Ensino Fundamental. Portanto, os estudantes que almejam continuar o processo de escolarização têm, necessariamente, que buscar uma escola fora da aldeia.

do branco", mas estão sempre voltados para um passado imaginado, evocando a sabedoria de antigamente.

> A proposta pedagógica pros indígena que, quando fala de escola indígena, não é pouca coisa a escola indígena. O bilíngüe também, a palavra é pequena, mas quando tu vai ver, tem muita coisa que tem que dar conta. (...) A educação indígena é um pouco diferenciada de que a educação não-indígena, a gente vem conhecendo isso, a gente vem entendendo isso, com o respeito das pessoas mais de idade, dentro das comunidades indígenas. Ela é um pouco diferente, mas a gente vai ter que criar (depoimento do professor Kaingang).

Os depoimentos das lideranças, reunidas para refletir sobre a educação escolar na aldeia, exemplificam o cuidado com que as comunidades kaingang "levam a escola", evidenciando a necessidade de instaurar um processo pedagógico que não afaste as pessoas indígenas do modo de vida inspirado na tradição.

> Mas quando ela é do jeito da educação indígena, ela seja bem vinda pra nós, porque a gente vai ter que fazer isto acontece, então a agente já tem muito esses conhecimento na educação indígena, sobre esse jeito que vem acontecendo, em todas coisas. Eu também relato um fato, acho que os espaços que nós tivemos hoje, eu me lembro que quando nós era tutela da FUNAI (Fundação Nacional do Índio), nós não tinha esse espaço assim, vivia um pouco mais espremido sobre a educação indígena. Taí o Chico também pra conta, meu parente aí, que ta aí. Mas a gente viu, a gente não tinha esse espaço de chegar e criar o próprio sistema, a própria educação indígena, ela já vinha pronta de baixo pros indígena antes deles prepararem (depoimentos de um velho *Kujã*).

> E agora nós queremos uma educação diferenciada. Mas, que forma de diferenciamento esse grupo quer. É uma sala de aula voltada para a nossa cultura, pra esses indígenas, dentro de uma cidade desse tamanho, mas é um povo diferente com o seu idioma diferente, com seu modo de viver diferente (liderança Kaingang do Morro do Osso).

> Eu quero dizer que são as pessoas idosas construindo uma verdadeira cultura, não é um "diz que" de uma cultura, é uma verdadeira cultura, porém que eles ajudam vocês a construir. A cultura indígena não vai se perder aqui na grande cidade. Porque nós temos muitos jovens que sabem a história indígena, porém, ela não é construída nos nossos colégios, assim, com livros (depoimento de uma liderança Kaingang).

Assentada na "historicidade da *pre-sença*", Heidegger (2002, p. 50) explica que a tradição também é histórica, na medida em que "a *pre-sença* já não é capaz de compreender as condições mais elementares que possibilitam um retorno positivo ao passado", mas pode efetuar uma "apropriação produtiva", relacionada a um tempo e espaço, pois o "*ser-aí*", o "*Dasein*" implica a dinâmica da construção de um modo de ser histórico. E, isso é vivenciado nas aldeias, pelos Kaingang, por exemplo, quando as pessoas mais velhas discutem a necessidade de registrar as histórias antigas para as crianças ouvirem e escreverem na escola:

> Porque o que eu falei ontem, o que a gente faz, o que a gente tem, ta muito na memória ainda, não está nos livro, que a gente precisa ta fazendo esses registro pros futuros, nossas crianças, que um dia vai ser liderança, e aí vai precisa se defende. E uma das grandes riquezas que nós temos é a língua falada nossa, é a nossa identidade. Porque pra falar qualquer um fala. A língua, eu posso fala qualquer língua, como eu to falando agora português, não é porque sou português. Então isso é impor-

> tante. O que vale pra nós mesmo hoje, segundo os nossos antigos, é a identidade. Porque a cultura, a cultura muda. O artesanato qualquer um faz, não podemos se faze de conta, porque quem sabe a história, é quem é o original.

Balandier (1999, p. 41) anuncia que "sob a pressão do presente, o esquecimento realiza seu trabalho de obliteração", fato que pode ser exemplificado pela "perda da língua", denunciado por algumas pessoas das comunidades kaingang. Porém, se há um vigor nas vivências destruidoras de memórias em relação ao modo de ser indígena, há um vigor maior nas ações dos guardiões que fazem da memória um recurso de uma nova resistência, relacionado-a a uma tradição original, que convoca o passado na busca de "respostas para a necessidade de identificações e enraizamentos" (p. 46). Esse movimento se faz presente quando necessitam de elementos para criar uma escola diferenciada e, inclusive recuperar o idioma "esquecido" por algumas pessoas, como ocorre na escola kaingang *Topẽ Pãn*.

Compreendo que a memória é constituída na relação entre passado e presente, mas é a partir da situação atual que adquire sentido, é produzida e recriada. Nessa perspectiva, constato o intenso "trabalho de memória", tanto nas comunidades Kaingang quanto no meio Guarani, sobretudo ao evocarem, constantemente, o papel dos "velhos", que têm a sabedoria. "O jovem se atrai mais pelo lado dos brancos, quer saber o que tem de bom lá. Mas a raiz está aqui pra gente pensar. Temos que reviver a nossa cultura", afirma um importante cacique Guarani.

Balandier (1997a, p. 94), ao discutir diferentes concepções de tradição, faz referência a uma ideia que explica a forma como a entendo entre os Guarani e os Kaingang nesse movimento de criação de uma escola diferenciada na Lomba do Pinheiro e no Morro do Osso:

> a tradição traduz-se continuamente em práticas; é aquilo pelo que a comunidade se identifica (tal como aparece diante de si mesma), se mantém em uma relativa continuidade, se faz de maneira permanente sempre produzindo as aparências de ser, agora, o que deseja ser. Na medida que permanece viva e ativa, a tradição consegue nutrir-se do imprevisto e da novidade; (...) Na medida que é praticada, descobre seus limites: sua ordem não mantém tudo, nada pode ser mantido por puro imobilismo; seu próprio dinamismo é alimentado pelo movimento e pela desordem, aos quais ela deve finalmente se subordinar. A tradição não se dissocia daquilo que lhe é contrário. Governa os indivíduos e a coletividade, mas só alguns a conhecem inteiramente. Na superfície do conhecimento banal – encontra-se escondido o conhecimento profundo, que só um pequeno grupo detém e que se transmite por meio de um lento procedimento iniciático. A tradição é ao mesmo tempo exotérica e esotérica, vulgarizada em graus variáveis segundo as condições sociais e, em toda sua totalidade, apenas reservada à guarda dos sábios.

Diante das negociações com as instituições não-indígenas, principalmente as que fazem a gestão da educação escolar, evocam a tradição, referindo o modo de ser indígena. Por isso, na elaboração de políticas públicas, nas discussões sobre a escola, há uma preocupação com a presença das pessoas velhas, os *Karaí* (Guarani) e os *Kujã* (Kaingang), que funcionam como guardiões da memória e da tradição. São, também, os que dão conselhos aos jovens e auxiliam o cacique na tomada de decisões. Nas situações em que aparece a fragilidade para viver o modo de vida indígena, especialmente porque o intenso contato coloca o "mundo dos brancos" muito próximo às aldeias e acionam transformações, a ancestralidade é evocada para afirmar permanências, funcionando como "meio de simulação de uma ordem imutável, fundamental, que o curso dos acontecimentos pode apenas mascarar" (BALANDIER, 1997, p. 37). É uma face dinâmica da tradição, que se transfigura, se modifica para continuar. Nesse sentido, a escola se impõe na aldeia como uma figura de desordem[7], desafiando a ordem assentada na educação tradicional.

Certeau (1995, p.148) explica que a consciência de pertencer a um determinado grupo "está ligado a uma mistura cultural", a necessidade de tomar consciência de si mesmos como Guarani e como Kaingang para se diferenciarem dos "brancos". Exatamente no momento em que mais são pressionados pelo modo de vida ocidental, quando se sentem "apertados" ; acuados pelo comércio, pela língua portuguesa que adentra na aldeia com as inúmeras pessoas não-indígenas que os visitam diariamente; pelos bailes "de branco" que seduzem os jovens; pelos artefatos que fazem parte do uso diário, como rádio, televisão, fogão a gás, telefone celular, apenas para citar os mais comuns. Argumenta o referido autor que "o sentimento de ser diferente está ligado à designação dessa diferença pelos outros". É também como força política, como estratégia de luta política, que o modo de ser indígena é afirmado constantemente por suas lideranças diante desses "outros", tanto nas falas, como, e particularmente, "mostrando" rituais e explicitando, na prática, que a "consciência étnica" existe através de atos, de um fazer cotidiano que precisa ser preservado, mostrado e defendido.

As lideranças e os intelectuais indígenas pressionam as esferas públicas, responsáveis pela gestão das políticas indigenistas, para que as decisões sejam tomadas levando em consideração as palavras dos *Kujã* e dos *Karaí*[8]. Percebe-se que isso não é um movimento isolado, mas sim uma estratégia articulada de luta. Bengoa (2000) argumenta que a unidade indígena na América Latina se constrói na afirmação étnica de cada grupo, através de uma atitude política que

7. Balandier (1997) explica que "trata-se agora de produzir uma descrição diferente do mundo, onde a ideia de movimento e de suas flutuações prevalece sobre a das estruturas, das organizações, das permanências" (p. 10), usando a relação ordem – desordem como constituída e constituinte do movimento, atribuindo à figura de desordem a dinâmica da mudança.

8. São os chefes espirituais do povo kaingang e guarani, respectivamente

busca na ancestralidade, nos fios da tradição que tecem o presente, a inspiração e as ferramentas para constituírem espaços de vida e ampliar seus direitos frente ao mundo ocidental. E, nesse sentido, um olhar mais alargado sobre o movimento e as lutas pelos direitos dos povos indígenas de toda a América mostra que o reconhecimento dos seus direitos no plano internacional deve muito à educação escolar. "La emergencia indígena que atraviesa el continente (...) aboga por una educación intercultural y bilingüe que permita no sólo el conocimiento de la cultura occidental sino tambien la reprodución de su propria cultura" (BENGOA, 2000, p. 299).

A escola se configura como um lugar de afirmação étnica, mas também como um lugar para aprender "o sistema do branco" e constituir assim um patrimônio de interculturalidade. Canclini (2007) diz que "não é pouca coisa este patrimônio de interculturalidade numa época em que a expansão busca uniformizar o *design* de tantos produtos e subordinar os diferentes padrões internacionais". Apreciando o modo de vida da maioria dos estadunidenses, o autor reconhece que naquela sociedade há pouco interesse de se saber algo além do inglês, ou de conhecer a sua própria história, o seu próprio cinema ou a sua televisão. Diante desta constatação, Nestor Canclini ressalta a vantagem que tem os povos indígenas "de conhecer pelo menos duas línguas, articular recursos tradicionais e modernos, combinar o trabalho pago com o comunitário, a reciprocidade com a concorrência mercantil" (p. 69).

Deduzimos que a educação escolar indígena constitui uma das portas para o diálogo intercultural, porém, uma relação dialógica envolve, no mínimo, dois e não apenas o esforço unilateral. Esse é o recado dirigido às escolas não-indígenas e que uma escuta sensível pode perceber. A condição básica para o diálogo é o reconhecimento do outro como interlocutor legítimo, embasando a interação no respeito a esse outro que está nos dizendo que quer dialogar. E o respeito supõe conhecer o outro, a fim de reconhecê-lo nos seus modos de viver. E, então retomamos a fala de Andila Nĩvygsãnh: "os saberes indígenas não estão disponíveis em nenhuma universidade, mas apenas na memória dos nossos velhos, adormecida e anestesiada pelo sofrimento da discriminação e do preconceito de uma sociedade que não soube reconhecê-los". E observamos a aposta que a escola específica e diferenciada faz para ancorar seus fazeres na tradição e nos saberes das memórias ancestrais.

## Referências bibliográficas

BALANDIER, Georges. A desordem: elogio ao movimento. Rio de Janeiro: Bertrand Brasil, 1997, 266p.

BALANDIER, Georges. O dédalo: para finalizar o século XX. Rio de Janeiro: Bertrand Brasil, 1999, 252 p.

BENGOA. *A emergência indígena na América Latina.* Santiago: Fondo de Cultura Económica, 2000.

CANCLINI, Nestor García. *Diferentes, desiguais e desconectados.* Rio de Janeiro: ed. UFRJ, 2007.

CERTEAU, Michel de. *A invenção do cotidiano*: 1. Artes de fazer. 3a ed. Petrópolis, RJ: Vozes, 1994.

CERTEAU, Michel de. *A cultura no plural*, 3ª ed. Campinas, SP: Papirus, 1995, 253 p.

DORNELES. Malvina do Amaral. *Lo publico y lo popular en el ambito racionalizador del orden pedagogico moderno.* Córdoba-AR: UCC, 1996. Tese de Doutorado. Orientadora: Dra. Margarita Schweizer.

ELIAS, Norbert. *A sociedade dos Indivíduos.* Rio de Janeiro: Jorge Zahar Editor, 1994.

HEIDEGGER, Martin. *Ser e Tempo*, vol. I. 12ª ed. São Paulo: Vozes, 2002, 325p.

NĨVYGSÃNH INÁCIO, Andila. *VẼNH KANHRÃN.* Monografia. Programa de Pós Graduação em Educação/Especialização PROEJA/ UFRGS. Porto Alegre, 2009.

TASSINARI, Antonella Maria Imperatriz. Escola Indígena: novos horizontes teóricos, novas fronteiras de educação In. SILVA, Aracy Lopes da; FERREIRA, Mariana Kawall Leal. (org.) *Antropologia, história e educação*: a questão indígena e a escola. São Paulo: Global, 2001, p. 44-70.

# Memória indígena de formação e práticas docentes

*Ana Alcídia de Araújo Moraes*
*Andreza da Silva Dorzanio*
*Carlos Humberto Alves Corrêa*
*Elciclei Faria dos Santos*
*Valéria Amed das Chagas Costa*

## Introdução

Nosso país é composto por uma multiplicidade de culturas e jeitos de ser, acrescida da problemática de profundas desigualdades sociais. As ideias de Ianni (1994), expressadas abaixo, ajudam-nos a ampliar o olhar para tal realidade

> [...] a problemática da educação revela aspectos particularmente importantes das sociedades da América Latina e Caribe. Devido ao fato de que são sociedades internamente bastante desiguais, no que se refere a aspectos sociais, econômicos, políticos e culturais. Os desafios provocados por essas desigualdades estão presentes na problemática educacional. [...]. Trata-se de desigualdades muitas vezes profundas, antigas e até mesmo institucionalizadas. (texto não publicado).

Acrescenta Ianni, que a esta altura da história ainda há desigualdades e desafios sociais, econômicos, políticos e culturais suficientemente profundos e generalizados que monopolizam e desafiam boa parte do pensamento social em geral, e do educacional, em particular. No que se refere ao aspecto educacional, os estudos de Müller (1999) sobre as professoras primárias na Primeira República, indicam o papel fundamental da instrução no fortalecimento de desigualdades no Brasil:

> [...] os projetos de nação levavam em conta a composição étnica da população brasileira e, - apoiando-se nas teorias da inferioridade racial, - terminaram por admitir e desejar o branqueamento dessa população. [...]. (p. 18).
>
> Nesse processo de construção da nação ocidental moderna, a instrução teve um papel fundamental. [...]. A escola foi espaço privilegiado de difusão da história oficial. Ao comporem a história da nação, terminaram por estabelecer a ideia de uma hierarquia entre as raças: ao branco cabia representar o papel de civilizador, era responsabilidade deste aperfeiçoar o índio; o negro era o responsável pelo atraso, limitadas que eram suas possibilidades de progresso intelectual, sendo a solução do 'branqueamento' a ponte entre o passado heróico e as possibilidades futuras do país (p. 39-40).

Entendemos que, para fazer frente a uma realidade excludente, resultante de um processo histórico que projetou e implantou políticas "negativas" – como é o caso da política de branqueamento[1], que teve a Escola como um de seus principais instrumentos – é preciso pensar e efetivar políticas afirmativas que possam diminuir a desigualdade social que se instalou no país desde a colonização.

Atualmente, no Brasil, algumas iniciativas têm procurado – não sem conflitos e contradições – dar conta de responder aos desafios da inclusão social na perspectiva do atendimento à diversidade sócio-cultural e amenizar desigualdades sócio-educacionais. Entre essas pode ser citada a criação, em algumas universidades, de Cursos

1. Na introdução do livro Educação e ações afirmativas: entre a injustiça simbólica e a injustiça econômica, editado pelo INEP, dados do SAEB ¬ Sistema Nacional de Avaliação da Educação Básica ¬ e do antigo Provão apontam o "branqueamento" das turmas ao longo da trajetória escolar. (Pinto, 2003, p.16).

de Licenciatura Específica que ao atender as exigências e preceitos legais da Educação Escolar Indígena[2] possibilitam a continuidade da formação aos professores indígenas. Em relação à criação de novos cursos para formar professores indígenas merece destaque a atuação de algumas Instituições de Ensino Superior, nessa esteira, entre as quais se insere a Licenciatura criada pela Universidade Federal do Amazonas (UFAM) – *Formação de Professores Indígenas* (FPI).

A criação na UFAM, desta Licenciatura Específica, é uma iniciativa que atende à perspectiva da inclusão social, no contexto da efetivação de novas políticas públicas, que sejam alterativas, ou seja, aquelas que tanto levam em conta a alteridade como tem o poder de mudar a realidade. E mais, que respeitem profundamente a diversidade político-cultural dos povos indígenas e sejam coerentes com a nova prerrogativa constitucional do "direito à diferença" e do "direito à cidadania plural", dentro do estatuto maior da autonomia. Ou seja, políticas que, por um lado, deem conta da diversidade constitutiva da nação, valorizando e apoiando as especificidades e, por outro, tenham o poder de alterar a situação de desigualdade social, possibilitando igualdade de oportunidades.

A busca por ensino universitário pelos povos indígenas vem sendo permeada por inúmeros desafios, contradições e tensões. Esse movimento de busca, pelos povos indígenas em geral, vem sendo visualizado como mais um instrumental de resistência e construção de novas relações com a sociedade envolvente, através da perspectiva do diálogo intercultural. Portanto, a formação de quadros de professores indígenas figura no cenário da luta desses povos como mais uma das questões de destaque frente à concretização da autonomia e respeito à diferença.

Nesse cenário, os(as) professores(as) Mura, articulados pela Organização dos Professores Indígenas Mura (OPIM), têm buscado

2. Tais como: Constituição Federal, Lei de Diretrizes e Bases da Educação Nacional 9.394/96, Plano Nacional da Educação – PNE/2001, Resolução CEB 03/99, Parecer 010/2002).

dar continuidade à sua formação, desde que concluíram a última etapa do Magistério Indígena, o Curso Mura Peara (1999 a 2003).

## Quem são os Mura... O que contam sobre eles[3]...

De acordo com o estudo de Ribeiro (1979), os índios Mura habitavam originalmente as terras da margem direita do médio Madeira onde enfrentaram os primeiros brancos que tanto subiam o rio, vindos do Amazonas, como desciam, vindos de Mato Grosso em busca da exploração das riquezas existentes. Graças ao sucesso de suas táticas de povo canoeiro e conhecedor da região de difícil acesso para os invasores, pelo intrincado sistema de lagos, furos e canais, os Mura expandiram-se, passando a ocupar um extenso território ao longo do Madeira até sua foz e daí pelos rios Amazonas e Purus acima, concentrando-se, principalmente, na região do Autaz.

Consta, nos diários de Ribeiro Sampaio e Alexandre Rodrigues Ferreira (AMOROSO, 1992) que os Mura ocupavam um território que ia do rio Tocantins ao Solimões, entrando pelos rios Madeira, Negro e Japurá. Tais referências nos dão conta da extensão territorial ocupada por esse povo e de sua mobilidade pela região, o que, provavelmente, foi utilizada como estratégia para evitar o confronto aberto com os invasores, passando a fazer uso da emboscada, para não se tornarem alvos fáceis, o que lhes valeu a fama de exímios canoeiros.

Os primeiros contatos com o colonizador foram, para os Mura, assim como para a grande maioria dos povos indígenas do Brasil, traumáticos e marcados por uma relação desigual que deixou um rastro de morte e destruição.

3. Além dos autores citados, a breve retrospectiva histórica trazida no presente texto, baseou¬ se, em especial, em material do grupo de pesquisa, com destaque ao Relatório Final do Projeto "Formação de Professores(as) no contexto Amazônico" CNPq/ PNOPG 2004.

Desde o primeiro momento, por resistir às diferentes formas de redução e com isso dificultar as finalidades exploratórias do colonizador, esse povo foi caracterizado como inimigo da Coroa, o que despertou no poder colonial uma verdadeira sede de guerra contra eles. Sua habilidade com os transportes fluviais e familiaridade com os rios e a floresta, muitas vezes representaram vantagens nos confrontos.

Os documentos oficiais da época trazem as palavras "sequestro, saque e pirataria", caracterizando-os como população hostil. Essa representação negativa foi passando de um narrador para outro com pouca ou nenhuma reflexão sobre a sua veracidade, gerando uma forma preconceituosa de abordar os fatos. Tanto assim que Amoroso (1992) afirma – "o perfil que Alexandre Rodrigues Ferreira traça do inimigo mura é um amálgama grosseiro de todas as visões de guerra que formou ao longo de sua estada na Amazônia, ou que teve acesso por meio de leituras" (p.305).

Apesar da resistência, os Mura foram tidos por vencidos após a Cabanagem, quando lutaram ao lado dos cabanos e com eles foram massacrados pelas tropas militares. Em decorrência desse intenso e violento contato com a sociedade regional, os Mura foram progressivamente absorvidos pela sociedade envolvente.

De acordo com o Mapeamento da Realidade Lingüística e Antropológica do Povo Mura (1998)[4], os Mura têm área identificada em todas as regiões do Município de Autazes, abrangendo também terras localizadas nos Municípios de Aripuanã, Borba, Careiro, Careiro da Várzea, Itacoatiara, Manicoré e Nova Olinda do Norte. Mas a região dos lagos de Autazes é considerada por alguns autores como o centro de dispersão dos Mura. Dados da Fundação Nacional do Índio (FUNAI, 1975) registram noventa e um (91) índios(as) Mura (50 homens e 41 mulheres) que se empenhavam para reverter o processo de negação étnica que se instalou devido a tanto preconceito e

4. Realizado pela Secretaria de Estado da Educação - SEDUC AM, na região de Autazes/AM.

discriminação. Tal empenho tem mostrado resultados positivos, pois em 1998, quando da realização do Mapeamento acima citado constatou-se uma população de 2.579 pessoas. Em relação aos indicadores passados, a população Mura vem apresentando alta taxa de crescimento, pois em 2004, dados da Fundação Nacional de Saúde (FUNASA) registram mais de 5.978 índios, representando 20% da população do município de Autazes/AM. Pode-se afirmar que este aumento da população que vem sendo registrado se deve, em grande parte, ao trabalho de sensibilização desenvolvido pela escola indígena, que resulta na afirmação identitária da população Mura.

Apesar da forte presença Mura no município de Autazes, os não-índios conhecem muito pouco sobre esse povo e, não raro, demonstram discriminação e preconceito. Assim, lamentavelmente, o preconceito da população local a respeito da cultura e do jeito de viver Mura permeia as relações que entre eles se estabelecem.

Os registros de suas histórias revelam traços do violento contato com os não indígenas bem como do preconceito que ainda hoje esse povo enfrenta. E, no interior de um processo de (re)construção da identidade cultural, esses(as) professores(as) tem assumido o papel de protagonista, ao desenvolver estratégias e ações para implementar uma política própria de educação escolar e de formação docente, com vistas à (re)construção e (re)conhecimento de sua identidade cultural, por parte dos demais grupos e segmentos da sociedade nacional, como uma das principais estratégias de resistência.

Em razão do exposto, o povo Mura reivindica que em seu processo de educação escolar ocupe um lugar privilegiado a abordagem de temas como: valorização de sua identidade étnica, conquista de sua autonomia sócio-econômica-cultural, recuperação de sua memória histórica. Afora esses, também reafirmam a necessidade de valorizar a tradição de outros povos indígenas, bem como da sociedade envolvente e, com esta, os conhecimentos científicos que vem sendo acumulados historicamente.

Daí apreende-se que não é qualquer ensino superior que o povo Mura quer, mas um que possibilite o registro, a discussão das histórias do povo, dos seus costumes, dos seus saberes. Em razão disso, concordamos com Souza e Carvalho (2005) que o atendimento às novas demandas dos povos indígenas por novos cursos de nível superior requer atenção específica, tais como:

> [...] pensar perspectivas para novos cursos que atendam aos povos indígenas deve necessariamente rever as dinâmicas educacionais atuais nos espaços que ainda se alimentam do velho indigenismo, o horizonte da diversidade com o qual lidamos e fundamentalmente a diversidade de situações que apresentam os povos indígenas do Brasil. As populações no sul do país habitando pequenos territórios e muito próximas de cidades grandes indicam respostas diferentes que as populações da região amazônica, por exemplo, onde se concentra grande parte das terras indígenas brasileiras [...]. (p. 175).

Nesses termos, entendemos serem necessárias iniciativas institucionais que assumam como possibilidade pedagógica o diálogo entre os diferentes saberes, configurando-se assim, como uma forma de inclusão que acolhe "o diferente" deixando-se questionar, permitindo-se transformar. Seguindo tal configuração, a Licenciatura Específica para Formação de Professores Indígenas, em desenvolvimento na UFAM com o povo Mura de Autazes, vem pautando-se, entre outros, pelo princípio da interculturalidade – do diálogo entre as diferentes histórias e os diferentes saberes.

Entendendo que o ensino superior, voltado para o povo Mura, precisa ser um espaço que favoreça a revitalização do conhecimento tradicional e que, ao mesmo tempo, possibilite o aperfeiçoamento e a ampliação destes saberes, a Licenciatura vem enfatizando a reflexão da própria prática pedagógica dos professores indígenas Mura, aprimorada e ampliada com práticas de estudo e de pesquisas. Deste modo, acreditamos estar respondendo de forma coerente às expectativas e necessidades desse povo, tanto no que diz respeito à escolarização, quanto em sua articulação com os projetos de presente e futuro deste povo.

O *corpus* sobre o qual nos debruçamos para apresentar neste texto são histórias desse povo, registrados no espaço de sala de aula da Licenciatura.

## Povo Mura: o que revelam suas histórias...

Inspirados em tendências de pesquisa em que o professor--investigador toma como objeto de estudo os materiais confeccionados no interior de sua sala de aula, debruçamo-nos, sobre oito narrativas que contam histórias de formação e práticas docentes, registradas por alunos(as) indígenas Mura no contexto de uma disciplina Organização do Trabalho Escolar I[5] da Licenciatura "Formação de Professores Indígenas" da Faculdade de Educação da Universidade Federal do Amazonas.

Em meio aos 56 (cinquenta e seis) alunos(as) que atualmente cursam essa Licenciatura, foram selecionadas histórias de oito em razão destes(as) exercerem a docência na Escola Manoel Miranda, situada na Aldeia Murutinga, no Município de Autazes/AM, local onde o grupo de pesquisa – *Formação do(a) educador(a) no contexto Amazônico* – vem desenvolvendo a pesquisa *A educação escolar Mura: práticas pedagógicas e formação docente*[6]. Desde 2002 esse grupo vem desenvolvendo atividades de pesquisas[7] e formação jun-

---

5. A disciplina foi desenvolvida no período de 27 de outubro a 4 de novembro de 2008, durante o 2º módulo da Licenciatura Mura. De acordo com a ementa foram tratados temas relativos a: "O(A) professor(a) Mura: identidade, formação e prática. As concepções didático-pedagógicas e os elementos que constituem o processo ensino--aprendizagem. Escola e sala de aula."

6. Financiada pela FAPEAM – Fundação de Amparo à Pesquisa do Estado do Amazonas.

7. Pesquisa "Formação de professores(as) no contexto amazônico", 2002/2004, financiada pelo CNPQ. Pesquisa "Os professores Mura e a construção de uma política indíge-

to àquele povo. Nesse artigo privilegiamos suas histórias de vida, registradas através de um trabalho realizado em sala de aula através da escrita e ilustradas com seus desenhos.

As circunstâncias de realização desse estudo permitem-nos demarcá-lo no interior de duas grandes vertentes que usam as narrativas em investigações. A primeira é composta por pesquisas que fazem uso das narrativas, nesta situação as narrativas são usadas como instrumental de coleta de dados com o mérito de explorar, organizar e produzir conhecimento sistematizado a partir do potencial humano como um ser contador de histórias. Já na segunda vertente encontra-se a pesquisa que se debruça sobre as narrativas usadas no ensino, neste âmbito o pesquisador toma as narrativas geradas em contextos de formação (história de vida, memoriais ou memória pedagógica) como o próprio fenômeno a ser investigado. Cunha (1996) diz que é possível tomar as narrativas em um duplo sentido: como um método investigativo de coleta de dados e/ou como objeto de nossas pesquisas. Esta demarcação da autora permite-nos situar a presente pesquisa nestes dois campos de uso, na medida em que analisamos como material de pesquisa textos narrativos, produzidos no espaço de sala de aula.

Os relatos de formação e de práticas docentes recuperam vivências não lineares que misturam episódios e acontecimentos de diferentes momentos do passado. De acordo com Kenski (s.d.), a "memória é ahistórica, na medida em que a recuperação das vivências não é feita de forma cronológica, linear[...]" (p.108). Afora isso, é importante lembrar que as histórias trazem sempre as marcas e posições de quem as conta e, neste caso, são oito professores(as) - (três homens e cinco mulheres). No âmbito desse texto, em que apresentamos histórias contadas sobre e pelo povo Mura, também fizemos escolhas e, destacamos trechos das histórias escritas, procurando ficar atentos ao que esses(as) professores(as) Mura têm a nos

na de educação escolar: princípios, processos e práticas pedagógicas", 2003/2005, financiada pela FAPEAM.

relatar e à interpretação que dão à sua história de luta e resistência para formar-se e exercer a docência.

As histórias relatadas indicam percursos de formação marcados por inícios tardios – "Tinha uns 11 a 12 anos quando entrei pela primeira vez em uma sala de aula" (Aglair); "Dos seis anos de idade até os onze anos, eu não estudava" (Amélia); "Comecei a estudar com dez anos" (Rosa); "A história da minha vida escolar inicia-se aos 11 anos de idade, quando comecei a estudar na comunidade onde eu morava, na Escola Manoel Miranda, era o ano de 1995. Lá fiz a 1ª série e que me lembra como eu ia para aula, ia de casco[8] remando, até a escola" (Nilmar).

Tais percursos são também marcados por interrupções, seja devido a falta de professor e/ou de nível de ensino mais elevado na escola – "Fiquei sem estudar quatro anos, pois na aldeia não havia aula de 5ª a 8ª série" (Carliane); "Parei porque o professor só era capacitado pra dar aula até a 4ª série" (Amélia) – seja devido a migração da família para outras localidades (para garantir a própria subsistência)

> [...] a dificuldade continuava porque meu pai era Mura que não vivia só em um lugar. Quando era no tempo da castanha ele ia pro fabrico[9] de castanha, eu ficava para estudar. Na época da vazante do rio ele levava, eu e meus irmãos para fazer a salga de peixes, aí que a dificuldade era maior (Amélia)[10].

Afora os aspectos citados acima, suas trajetórias de vida e formação são marcadas por dificuldades de acesso (remar longas distâncias para chegar à escola) e outras como se vê nos trechos das histórias narradas.

---

8. Tipo de canoa pequena muito utilizada pelos povos indígenas e ribeirinhos na Amazônia.

9. O termo refere-se ao processo de colheita de frutos e/ou produtos agrícolas.

10. As citações que contém trechos das histórias dos Mura, com mais de três linhas, serão feitas em destaque com recuo de 02 cm, para diferenciar das citações de autores.

> [...] saía de casa às cinco e meia, atravessava o rio remando na canoa, [...], eu, meu irmão e colegas, remávamos quase duas horas de viagem para chegar até a escola (Amélia).

> [...] a gente tinha que remar 4 horas, 2 para ir e 2 para voltar (Arlindo).

> Senti mais dificuldade porque precisávamos ir de canoa, pois era mais distante de minha casa. Tínhamos que atravessar o rio, eu e meus irmãos. (Jucinilda)

> [...] de manhã minha mãe me convidava para ir a roça, tirar mandioca para fazer farinha. E nossa roça era muito longe, gastava quase duas horas de viagem para chegar no roçado. Quando eu voltava para casa já estava na hora de ir para a escola [...] Às vezes não dava tempo de comer, meu pai dizia: 'quando você voltar, você come'. (Amélia).

> [...] Pela parte da manhã ia para a roça com meus pais e irmãos, às vezes quando chegava em casa não tinha comida, mas assim mesmo tínhamos que ir para aula com meus irmãos, só tinha alimento na hora da merenda escolar. (Jucineia).

> 'agora você vai fazer um curso de capacitação na sede do município, de 45 dias.' Aí o sacrifício foi maior porque eu não tinha dinheiro para me manter na cidade. Passado um mês pensei em desistir do curso, mas logo pensei que a aldeia tinha apostado em mim. Vou em frente no meu estudo. Com todos estes sacrifícios terminei o curso (Amélia).

Professor Arlindo, ao falar das séries iniciais cursadas na própria aldeia, lembra que estudou com professores(as) não-índios(as) que vinham de fora:

> Comecei estudar com 7 anos de idade numa escola, [...]. Estudei nesta escola desde 1956 até 1962, quando terminei a quarta série.[...]. Essa professora vinha de Manaus, mandada pelo S.P.I[11]. para trabalhar nas escolas da aldeia para ensinar os filhos dos indígenas a ler, escrever, fazer matemática e outros (Arlindo).

É interessante fazer alguns destaques na história desse professor porque dentre os oito é o mais velho, (tem mais de 65 anos de idade) e com maior tempo de exercício docente nessa escola. Isso aponta para uma peculiaridade, pois foi professor de quase todos os outros, que hoje são seus colegas de trabalho e de curso.

> Aos oito anos de idade meus pais me matricularam na Escola Indígena Manoel Miranda, na aldeia Murutinga, [...] onde estudei com o professor Arlindo Ruzo Braga (Carliane).

O fato de já ter formado várias gerações torna-o uma pessoa muito respeitada tanto na aldeia como na própria escola, entre seus pares. Como tem sua vida escolar quase toda demarcada nessa escola, situada na aldeia Murutinga, detém grande parte da história da mesma.

No ano de 2009 ministrou aula para alunos de educação infantil. Durante o período de observação em sua sala de aula a pesquisadora registra, em seu caderno de campo, que o mesmo dispensa muito carinho e atenção aos alunos:

> [...] é paciente e não grita; De vez em quando o professor passa a mão na cabeça de aluno e utiliza frases do tipo: '(fulano de tal) é um grande companheiro'... 'vamos meu amigo, copia!'... 'Vamos meninas inteligentes, mais rápido!'; ajuda os mais lentos a copiar. Pede para que as crianças que voltam pra

11. Serviço de Proteção ao Índio.

casa de barco se sentem no meio do barco e não na popa, porque lá é perigoso [...] (relato de observação, pesquisadora Rita Floramar).

Dos oito professores, seis cursaram o magistério Mura-Peara[12]. Este pode ser considerado um espaço que simboliza o início de suas conquistas como professor indígena, visto que ingressaram em um curso de formação específica - magistério indígena, isso marca sua trajetória na busca de dar continuidade à sua formação. O povo Mura foi o primeiro a concluir o Magistério Indígena oferecido pelo Programa de Formação de Professores Indígenas da SEDUC e receber o Diploma.

A conquista do Projeto Mura-Peara, segundo eles(as), contribuiu decisivamente para que, em um processo coletivo, tendo a escola como grande aliada, se identificassem como índios Mura: "Antes eu não me identificava como Mura [...]. Só passei a identificar-me a partir do curso. Hoje eu gosto de ser Mura, valorizo o meu povo e a minha cultura [...]" (Rosa).

Parte significativa dos(as) professores(as) Mura deixa claro que hoje percebem o quanto a "escola do branco", que foi a eles oferecida, tinha a clara intenção de fazê-los perder suas raízes, esquecer sua cultura e integrá-los à sociedade envolvente, numa perspectiva integracionista que toma em consideração as diferenças, mas para suprimi-las conforme demonstra este relato: "[...] estudei com uma professora branca, ela falava que nós não éramos índios. Índio é aquele que vive no mato; nós não éramos, já usávamos roupa, não falávamos língua indígena [...]" (Amélia). Esse tipo de atitude reflete o estereótipo que foi construído sobre o índio e que con-

12. O Curso de Magistério Mura Peara (iniciado em 1999 e concluído em 2003) foi coordenado pela SEDUC/AM em parceria com a Secretaria Municipal de Educação e Cultura de Autazes e a Organização dos Professores Indígenas Mura. Vale ressaltar que o curso se deu no contexto do Programa Pira-Yawara – programa oficial da SEDUC/AM para formação de professores indígenas em nível médio - e que os(as) professores(as) Mura constituíram a primeira turma a concluir o referido curso.

tribuiu para gerar nos(as) professores(as) a negação de sua identidade indígena.

A redescoberta de ser índio Mura, a convivência e o conhecimento construído com os outros "parentes" bem como o envolvimento com a luta pela causa indígena conseguiu devolver a esses professores(as) a certeza de ser índio e o orgulho de ser Mura assumindo, com autonomia e protagonismo, o direito constitucional de continuarem sendo índios e de dizer o que consiste ser Mura hoje.

Em duas das histórias transparece, nas professoras, o sentimento de perda ao serem obrigadas(os) a distanciar-se da família para estudar fora da aldeia. Indo para a cidade, trabalhavam em casa de famílias, geralmente conhecidas, convivendo com culturas e costumes diferentes e tendo que aprender outros modos de viver, distante do que levavam costumeiramente em suas comunidades.

> Quando terminei a 4ª série meus pais deixaram que eu fosse trabalhar com uma velha conhecida em Manaus. Lá me matriculei no colégio "Padre José de Anchieta", repeti a 4ª série depois passei para a 5ª série. Fui estudar em outro colégio "Adalberto Vale", no morro da liberdade, mas no meio do ano sofri um acidente, quase quebrou uma das minhas pernas e um braço e pequenos cortes no corpo. Quando voltei ao colégio para continuar os estudos minha perna inchava muito, com isso não continuei mais. Não podia trabalhar minha mãe foi me buscar em Manaus. (Jucineia).

> Estudava a noite, mas ainda não sabia pegar ônibus [...]. Mas, logo (logo) aprendi o caminho com minhas colegas, e íamos juntas. Durante essa caminhada, enfrentei vários obstáculos, muitas vezes com a passagem de ônibus, mas a maioria das vezes fui de pés para escola. Passamos a morar no Educandos e ficou muito mais difícil porque pegávamos 2 (dois) ônibus (Jucinilda).

Quando falam da formação e da prática docente os(as) professores(as) Mura indicam as mudanças pelas quais passaram no percurso da vida. Assim, acentuam as tendências pedagógicas que permearam tais percursos, marcados por diferentes tendências:

> No meu tempo de infância o aluno só recebia as informações passadas pelo professor. O aluno não tinha vez e nem voz para dar sua opinião, e as regras eram bem rígidas. Foi dessa forma que a escola tradicional ficou marcada em minha vida. Embora minha professora não tenha sido rígida comigo, eu observava que meus irmãos foram várias vezes para o castigo (Jucinilda).

> Há quatro anos trabalho com as crianças de 4 a 5 anos de idade na alfabetização. Gosto muito do que faço e me sinto muito feliz e com as crianças eu aprendo e ensino-as, torna-se uma troca de experiência. A metodologia que aplico penso que é a Pedagogia Renovada, pois 'considero o aluno como sujeito da aprendizagem. O que tenho a fazer é colocar o aluno em condições próprias para que, partindo das suas necessidades e estimulando os seus interesses, possa buscar por si mesmo conhecimento e experiência'. (Jucinilda).

> Tenho lembranças ruins da escola e da professora que era ignorante, mal educada e colocava os alunos de joelhos no caroço de milho até aprender a lição, também gostava de dar reguada e usava palmatória quando os alunos erravam as lições. (Rosa)

> [...] por eu não ter nenhuma prática aplicava a pedagogia tradicional, até porque era a única que eu tinha um pouco de conhecimento e da qual eu era fruto (Rosa).

Nóvoa (1992), quando fala da necessidade de situar a reflexão sobre a formação docente para além das vertentes tradicionais sugere a formação contínua como uma nova maneira de pensar a formação de professores. Esse autor denuncia que a formação de professores tem ignorado o desenvolvimento pessoal do professor confundindo formar e formar-se. E da mesma maneira não tem valorizado a articulação entre a formação e os projetos das escolas. Para o autor estes dois fatores "...inviabilizam que a formação tenha como eixo de referência o desenvolvimento profissional dos professores, na dupla perspectiva do professor individual e do coletivo docente."(p.24).

Esse autor inclui novas abordagens no debate sobre formação de professor introduzindo aspectos que enfatizando a pessoa do professor, a profissão do professor e a organização escolar passam a tratar a formação numa perspectiva centrada no terreno profissional, o que inclui "o fazer do professor" abrangendo todas essas dimensões. A formação de professores sob essa ótica inter-relaciona a construção da pessoa, do profissional e da escola. Aspectos que não podem ser esquecidos quando o que está se propondo não é apenas o aperfeiçoamento ou a qualificação docente, mas o que vai além disso: uma mudança de qualidade na prática docente, na educação.

Por parte dos Mura, pode ser notado um propósito claro para inter-relacionar sua formação docente com um projeto de escola própria. No depoimento abaixo é possível perceber que o processo protagonizado pelos Mura para "indianizar" a instituição escolar vem favorecendo discussões e encaminhamentos para a construção de uma política Mura para as suas escolas.

> A ideia do projeto se iniciou quando começou o movimento indígena a pensar a nossa própria escola. Então, foi como começou essa ideia, essa criatividade de criarmos o nosso objetivo de ter a nossa própria política educacional aqui no município de Autazes (Prof. Hamilton, Relatório do VI Fórum, 2005, p. 61).

Nesse sentido, a escola Mura é o espaço de construção da identidade pessoal e profissional desse sujeito que também a constrói, na perspectiva de superar os desafios que se apresentam tanto no interior da escola como nos distintos espaços sociais.

As histórias relatadas pelos(as) professores(as) Mura ajudam-nos a ter claro que pensar a formação na ótica da diversidade e da inclusão é reconhecer o seu caráter processual, é tê-la como projeto, num esforço de superação aos apelos de homogeneização e de uniformização ainda tão frequentes no campo educacional. Diniz reforça nosso pensar sobre isso ao dizer o que representa entender a educação para além do seu aspecto institucional e compreendê-la dentro do processo de desenvolvimento humano:

> Isso nos coloca diante dos diversos espaços sociais em que o educativo acontece e nos convida a extrapolar os muros da escola e a alterar o significado da prática educativa, da relação com o conhecimento, do currículo e da comunidade escolar. Coloca-nos, também, diante do desafio da mudança de valores, de lógicas e de representações sobre o outro, principalmente aqueles que fazem parte dos grupos historicamente excluídos da sociedade. (s.d. p.8).

## À guisa de conclusão

Trabalhar com os relatos dos(as) professores(as) Mura tem nos proporcionado conhecer melhor as nossas raízes, nossas peculiaridades como amazônidas. Sobre investigações que usam este artifício, Kramer (1998) nos adverte: "resgatar a história das pessoas significa vê-las reconstituírem-se enquanto sujeitos e reconstituir também sua cultura, seu tempo, sua história, re-inventando a dialogicidade, a palavra". Nessa reconstituição somos também envolvidos, (trans)formados, vivenciando uma experiência humanizada de "fazer ciência".

No percurso desse trabalho com os povos indígenas, reconhecemos que é preciso desenvolver a capacidade de escuta para que possamos entrar em sintonia com os outros, escutando-os a partir de suas mensagens, códigos e lógicas próprias e manifestando abertura às suas manifestações simbólicas. E, quando esse outro é o povo Mura em suas mensagens, códigos e lógicas próprias, trazidas através das histórias contadas, sente-se a vida pulsar e, com grande expressividade, são trazidas à memória alegrias e sofrimentos, dores e contentamentos, lutas e esperanças, ou seja, a própria dialética do viver humano.

Assim, as histórias de formação e prática docente dos(as) professores(as) Mura, revelam-se como tão particulares e tão gerais, tão diferentes e tão nossas, "cimentadas" pela humanidade que nos constitui como iguais e diferentes ao mesmo tempo.

## Referências bibliográficas

AMAZONAS. SECRETARIA DE ESTADO DA EDUCAÇÃO E QUALIDADE DO ENSINO. Mapeamento antropológico - Relatório Interno. Manaus: SEDUC, 1998.

AMOROSO, Marta Rosa. *Corsários no caminho fluvial* – Os Mura do rio Madeira. In: História dos índios no Brasil. São Paulo: Fapesp/Cia das Letras, 1992.

BRASIL. CONGRESSO NACIONAL. *Lei 9394, de 20/12/1996*. Fixa as Diretrizes e Bases da Educação Nacional.

_____. _____. *Lei n.10.172, de 09/01/2001*. Plano Nacional de Educação.

_____. MINISTÉRIO DA EDUCAÇÃO. *Referencial Curricular Nacional para as Escolas Indígenas*. Brasília, 1998.

_____. _____. *Referencial para Implantação de Programas de Formação de Professores Indígenas nos Sistemas Estaduais de Ensino*. Brasília, 2001.

_____. _____. CONSELHO NACIONAL DE EDUCAÇÃO. *Parecer nº 010/2002, de 11/03/2002*. Relator: Carlos Jamil Cury.

CUNHA, Maria Isabel. *Conta-me agora!* As narrativas como alternativas pedagógicas na pesquisa e no ensino. Caxambu/MG. Texto apresentado na 19ª ANPED, 1996.

DINIZ, Margareth. *Identidade e valorização do professor e da professora no processo de inclusão*: desafios e perspectivas. Disponível em: www.sociedadeinclusiva.pucminas.br/palestras/palestra2. doc. Acesso via Google em: 12/11/2007.

IANNI, Octavio. *Educação e Sociedade na América Latina*, Conferência de abertura do II Congresso Ibero Americano de História da Educação Latino-americana, Campinas, UNICAMP, 1994. (Trabalho não publicado).

KENSKY, Vani Moreira. Memória e prática docente. In: BRANDÃO, Carlos Rodrigues. (org.) *As faces da memória*. Campinas: Centro de Memória - UNICAMP. Coleção seminário, v.2. (s.d.).

KRAMER, Sonia. *Leitura e escrita de professores: da prática de pesquisa à prática de formação*. Revista Brasileira de Educação, n.7, p.19-41, jan/fev/mar/abr, 1998.

MULLER, Lúcia. *As construtoras da nação*: professoras primárias na primeira república. Niterói: Intertexto, 1999.

NÓVOA, António. Os professores e as histórias da sua vida. In: _____. (org.). *Vidas de professores*. Porto: Porto Editora, 1992.

RIBEIRO, Darcy. *Os Índios e a civilização*. Petrópolis, RJ: Vozes, 1979.

SOUZA, Hellen Cristina e CARVALHO, Ivanete Inês Parzianello. Comunicação (sem título). In: *I Conferência Internacional sobre Ensino Superior Indígena*: construindo novos paradigmas na educação. Barra do Bugres: UNEMAT, 2005. (Anais).

# Educação e educadoras na Paraíba no século XX: desafios de pesquisa

*Charliton José dos Santos Machado*

## Introdução

Este estudo é resultado do projeto de pesquisa *Educação e educadoras na Paraíba do século XX: práticas, leituras e representações* (CNPq) e está inserido nas orientações integradas (graduação, mestrado e doutorado) no interior do Grupo de Estudos e Pesquisas "História, Sociedade e Educação no Brasil" – HISTEDBR-GT/PB.

O objetivo central é discutir a interface entre mulher e educação na Paraíba do século XX, através das práticas, leituras e representações, bem como o desejo de explicitar as relações de gênero aí presentes.

## A mulher e a educação no século XX

O século XX que, segundo Cambi (1999, p. 509), "foi um século dramático, conflituoso, radicalmente inovador em cada aspecto da vida social: em economia, em política, nos comportamentos, na cultura", foi palco de revoluções, guerras e ditaduras, de inovações tecnológicas e exacerbação do consumo, de enfrentamentos políticos entre a democracia e o totalitarismo, entre o capitalismo e o socialismo, de conflitos étnico-raciais, religiosos e de gênero, de exclusão de alguns segmentos da sociedade como as mulheres e os negros, entre outros. Mas foi também espaço para avanços e conquistas em muitas áreas, para o surgimento de novos protagonistas na história como a mulher, a criança, o deficiente e o idoso. No interior de tantas mudanças, a educação passa a ocupar lugar de destaque, ora como elemento de transformação e de abertura para novas possibilidades de pensar e viver, ora como instrumento de massificação e reprodução do *status quo.* Todavia, dentre os sujeitos emergentes que perpassaram a educação e a pedagogia no século XX, a mulher ocupa posição de destaque. Através dos movimentos feministas que, já no século anterior, debatendo-se entre o positivismo e o socialismo, buscavam estabelecer espaços políticos e sociais para as mulheres enfatizando o direito ao voto e à educação, puseram em foco para debate e reflexão as relações de gênero praticadas até então. A luta pelo direito ao voto trazia em sua base o direito à educação, uma vez que a emancipação feminina só aconteceria se fossem dadas condições de amadurecimento, de iniciativa, de capacidade para o trabalho, de desenvolvimento intelectual. Sem educação essas conquistas seriam inviáveis.

A questão do direito ao voto assume grande importância no século XX através da advogada Myrthes de Campos e da professora Leolinda Daltro, culminando na fundação do Partido Republicano Feminino em 1910. Embora encontre alguns aliados na esfera masculina, esse embate não é fácil:

> Autoridade, políticos em geral, juristas negam-se a considerar positivamente as pretensões de autonomia feminina. Respaldam-se na ciência da época, sinônimo, naquele momento, de verdade absoluta. Apelando para tais convicções e para os prejuízos acarretados à família, já que este era visto como o seu espaço prioritário, buscam limitar as mulheres nas suas ações, desejos e emoções, naturalizando determinações histórica e socialme

Bertha Lutz é figura fundamental nesse cenário, porque conhecedora dos discursos vigentes sobre as diferenças dos papeis feminino e masculino, opta por um discurso moderado como tática, utilizando como argumento, muitas vezes, elementos do próprio texto oficial, sem, no entanto, deixar de ressaltar a importância da emancipação da mulher, o exercício do trabalho como elemento decisivo no seu amadurecimento, destacando a educação como meio de alcançar esse objetivo. Ou seja, procurando reverter a situação de dominação vigente, aquele que no momento era visto como o mais fraco, o dominado – a mulher – utiliza criativamente as táticas de poder para tentar alterar a situação. No dizer de Certeau (1994, p. 104), a tática constitui-se de "gestos hábeis do fraco, na ordem estabelecida pelo forte, arte de dar golpes no campo do outro, astúcia de caçadores, mobilidade nas manobras, operações polimórficas, achados alegres, poéticos e bélicos.".

O trabalho de Bertha Lutz, juntamente com outras mulheres, tem o seu ápice no decreto 21.076 de 24 de fevereiro de 1932, instituindo junto ao voto secreto o voto feminino que seria incorporado à Constituição de 1934.

Nesse ínterim, vale destacar a participação da imprensa para corroborar a posição das instituições sociais responsáveis pela determinação do código de comportamento das pessoas, como Igreja e Estado, por exemplo. A sociedade utiliza-se de vários recursos para fazer as mulheres desistirem de lutar por seus direitos e influenciar a sociedade a reagir contra essa luta. A atuação da imprensa, nesse momento, é significativa, porque procura atingir a mulher pelo ponto em que ela demonstra mais fragilidade: a beleza. Era comum os jornais exibirem caricaturas de mulheres, enfatizando que a mulher desejosa de participar das decisões políticas e exigente dos seus direitos é feia, por isso não arranjou casamento, consequentemente torna-se descontente e frustrada e, vingativa, questiona sua condição. No entanto, foi pela imprensa que a mulher encontrou eco no discurso das mudanças que estavam sendo gestadas na sociedade, em especial, entre as décadas de 1920-1930.

A julgar pela quantidade de matérias publicadas na imprensa do século XX, com a intervenção das mulheres ou sobre elas, foi possível neste estudo, através dessas fontes, compreender, também, de forma profunda, as práticas educativas e as intervenções culturais da sociedade da época.

## A Paraíba no século XX

O cenário paraibano não diferia do resto do país em termos de concretização de mudanças germinadas no século XIX, de posições antagônicas em relação à luta da mulher pela escolarização e pelo reconhecimento de seus direitos, bem como a participação da imprensa na divulgação dos valores instituídos.

Se por um lado a imprensa tinha esse papel de mantenedora dos valores vigentes, por outro, abria suas páginas para a participação feminina e a mulher aproveitava esse espaço para dar visibilidade às questões que estavam no foco de seus interesses: educação, acesso às letras, participação política, novos campos de atuação profissional, associações femininas, novas relações entre homem e mulher, moda, novos comportamentos etc.

Portanto, já nas primeiras décadas do século XX, as mulheres paraibanas souberam tirar proveito da abertura desse espaço, para publicarem seus artigos de caráter social, político, pedagógico e feminista, bem como seus poemas e romances, dando visibilidade às suas ideias, desejos e lutas. Podemos citar entre outras: Catharina de Moura Amsteim, Olivina Olívia Carneiro da Cunha, Analice Caldas e Anayde Beiriz, nomes que aparecem de forma significativa no cenário das primeiras décadas do século XX, rompendo o confinamento cultural em que se encontravam.

## Algumas questões teóricas da pesquisa

Trazer à tona, revelar as práticas, as representações e as leituras das educadoras paraibanas do século XX, significa dar visibilidade e voz a um sujeito que durante muito tempo ficou fora das versões da historiografia oficial, ou ocupou espaços mínimos e marginalizados, embora tenha participado ativamente do processo histórico, como também possibilita ampliar o conhecimento sobre a configuração educacional, mas também política, ideológica e cultural da sociedade paraibana do século XX.

Para tanto, lançamos mão durante a pesquisa de várias questões: o que pensavam as educadoras paraibanas do século XX sobre educação, sobre seu papel na sociedade, sobre suas lutas e suas conquistas? Como se posicionavam em relação aos movimentos feministas? Que representações faziam de si mesmas, das outras mulheres, dos homens, da escola, da profissão de educadora? O que seus escritos publicados em jornais, revistas e outras fontes podem nos revelar sobre essas questões? Como eram vistas essas mulheres educadoras que se revelavam ao publicar suas ideias e opiniões? Que recepção, por parte de homens e de mulheres, tinham os seus textos? Que questões educacionais eram levantadas em seus discursos? E como essas questões estavam articuladas às apresentadas pelo país afora? Que tensões se estabeleceram a partir da publicação de seus textos?

Várias dessas questões têm sido levantadas por outros (as) pesquisadores (as) no intuito de compreender o papel social atribuído à mulher no decorrer do século XX pautado em um discurso ideológico dividido entre o conservadorismo e o reformismo, cuja especificidade era a supressão de sua capacidade de sujeito histórico e a delimitação de um comportamento ideal: rainha do lar. Comportamento esse cobrado pela sociedade e corroborado pela Lei, pela Igreja e pela Ciência, reforçado pela divulgação de uma verdadeira pedagogia do casamento que estabelecia as funções e os domínios específicos a homens e mulheres: a função da mulher consistia "em casar, gerar filhos para a pátria e plasmar o caráter dos cidadãos de amanhã"; ao homem, "cabia a representação legal da família, a administração dos bens comuns do casal e dos particulares da esposa segundo o regime matrimonial adotado, o direito de fixar e mudar o local de domicílio da família", além de ser responsável pela manutenção desta. "A ele, a identidade pública; a ela, a doméstica." (MALUF; MOTT, 1998, p. 374- 379).

O mesmo discurso que enfatizava a importância da mulher na geração e na formação do "caráter do cidadão de amanhã" foi material de construção de táticas para lutar por educação, para subverter a situação de dominação em que se encontrava, ou seja, num espaço que se pretendia de domínio exclusivo do masculino.

A saída das mulheres do reduto do lar para o trabalho e para a escola, para a sociedade produtiva, foi marcada pela desigualdade de possibilidades escolares e pela separação entre profissões masculinas – ativas – e femininas – sedentárias, num processo de naturalização da divisão sexual do trabalho. Quando houve uma ascensão das mulheres foi acompanhada de uma evolução masculina. Esses avanços não se deram de forma tão amistosa e nem facilitada, mas sim num contexto marcado por tensões e utilização de estratégias, por parte da sociedade em geral, para afastar a mulher do mercado de trabalho. Estratégias muitas vezes camufladas por boas intenções. Se as mulheres iam se integrando cada vez mais ao sistema educativo e ao mercado de trabalho, ocupavam aí os postos mais feminizados e hierarquicamente mais baixos, e, consequentemente, desvalorizados. Em termos, foi assim que se deu a feminização do magistério.

Considerando gênero como um conceito relacional que vai se construindo gradativamente no contexto histórico e sócio cultural, forjando identidades masculinas e femininas que nortearão a definição de funções e posturas típicas de homens e mulheres (FARIA; NOBRE, 1987; SAFFIOTI, 1976), apostamos na sua utilidade para a discussão das questões educacionais como também na sua importância na constituição dos sujeitos históricos. Para essa concepção, buscamos reforço em Louro (2002, p. 129) quando afirma que:

> [...] seja qual for a perspectiva assumida, gênero aponta para o caráter construído de mulheres (e de homens) como sujeitos históricos, contrapondo-se à "naturalização" do feminino (bem como do masculino); por outro lado, permite observar que, criado no contexto da luta discursiva feminista, o conceito carrega as marcas dessa luta e, por isso, (e ainda é, em muitas instâncias) referido fundamentalmente a mulheres. Ora, a Educação está implicada, seja também qual for a perspectiva que se assuma, num processo de construção de sujeitos. Gênero pode ser, pois, um conceito relevante, útil e apropriado para as questões educacionais. Pondo em xeque o caráter "natural" do feminino e do masculino, o conceito indica que há um processo, uma ação, um investimento para "fazer" um sujeito "de gênero" (e não se duvida que a educação tem a ver com isso).

A colocação de Louro, com a qual concordamos inteiramente, põe em relevo a implicação entre educação e gênero, ou seja, a categoria gênero esclarece aspectos ligados à educação; por outro lado, esta última está completamente envolvida na construção da referida categoria.

A discussão sobre a importância da leitura como atividade fundamental no desenvolvimento do ser humano, em suas várias facetas, inclusive na construção de sua cidadania, vem sendo enfatizada desde os primórdios do século XX, por que não dizer já no século XIX; se a educação, de modo geral, passa a ser vista como o elemento fundamental para o progresso humano, em consequência disso, saber ler e escrever representam marcas de instrução e agentes da socialização.

Na busca de revelar a importância da leitura e sua influência na formação de homens e mulheres no Brasil, estudos vêm sendo realizados. Lajolo e Zilberman (1996) escreveram a *Formação da lei-*

*tura no Brasil*, utilizando como fonte a literatura brasileira. Nesse livro, as autoras explicitam os fatores que contribuíram para a formação do leitor, de modo enfático no Brasil, que o leitor começou a ser tematizado na literatura a partir do Romantismo, e que tipos de leitores são representados pelos romancistas brasileiros, a partir desse período literário.

Morais (2002), em *Leituras de mulheres no século XIX*, revela a leitura de mulheres naquele século, a partir de jornais e romances publicados na época. O livro trata das práticas de leitura e do público feminino leitor, principalmente na segunda metade do século XIX, no Rio de Janeiro, então capital do Império. O que liam, o que era permitido ler, como liam são algumas interrogações examinadas no livro, com a utilização de jornais voltados para o público feminino e de romances de José de Alencar, Manuel Antônio de Almeida, Machado de Assis, entre outros.

Nosso propósito de procurar revelar o que liam as educadoras paraibanas do século XX baseia-se na concepção de que as leituras realizadas podem contribuir para revelar o que pensavam tais mulheres e, ao mesmo tempo, identificar as marcas dessas leituras em suas escritas e em suas ideias expressas através dos artigos publicados em jornais e revistas em circulação à época, ou em qualquer outro portador de texto que nos foi dado a conhecer durante a pesquisa.

Ao propor o estudo e a análise de textos produzidos pelas educadoras paraibanas do século XX, publicados em jornais, revistas e outros suportes textuais, esta pesquisa vêm se utilizando da abordagem inscrita nos fundamentos da História Cultural que veio possibilitar a ampliação do tipo e do uso das fontes, o surgimento de novas técnicas, novos temas e novos objetos para se problematizar e investigar o desenvolvimento da história, da história da educação, da história da mulher. A mudança no conceito de fonte histórica possibilita um alargamento no campo de pesquisa do historiador:

> Se antes a documentação era relativa ao evento e seu produtor, o grande personagem histórico em suas lutas históricas, agora ela é relativa ao campo econômico-social-mental: ela se torna massiva, serial, revelando o duradouro, a permanência, as estruturas sociais. Os documentos se referem à vida cotidiana das massas anônimas, à sua vida produtiva, à sua vida comercial, ao seu consumo, às suas crenças coletivas, às suas diversas formas de organização da vida social. [...] Todos os meios são tentados para se vencer as lacunas e silêncios das fontes, mesmo, e não sem risco, os considerados antiobjetivos. (REIS, 1994, p.18-9).

Sendo assim, todos os documentos que representam marcas da passagem do humano pelo universo são fontes para a história. Aliando as fontes oficiais outros tipos de fontes como literatura, fotografia, textos jornalísticos, cadernos de anotações, diários, objetos de uso cotidiano entre outros, o trabalho do historiador passa a ter maior abrangência e significado, uma vez que pode chegar a revelar aspectos de outras sociedades e de outras épocas, contribuir de forma expressiva para desvendar aspectos relevantes da história que ficaram ocultos por se referirem à vida cotidiana dos agentes sociais, maioria tratada como minoria por não deter o poder econômico; homens e mulheres comuns que contribuíram com suas ações na construção da sociedade.

A recuperação das práticas, representações e leituras das educadoras paraibanas no século XX através dos textos publicados em jornais e revistas, das imagens, dos registros das trajetórias de vida, de depoimentos escritos, documentos oficiais, tais como decretos, pareceres, relatórios e nomeações governamentais, permitiram dar a conhecer não só as percepções dessas mulheres a respeito da educação, dos embates femininos, das lutas cotidianas, mas também evidenciar o impacto de seus posicionamentos sobre a sociedade da época. Uma vez que, desde as primeiras décadas do século XX, as mulheres começaram a buscar visibilidade e participação "permitida" dentro do processo histórico, possibilidade que foi se concretizando gradativamente, com amparo legal, inclusive.

Portanto, foi no século XX, 1988 mais precisamente, que vamos ter uma transformação efetiva das regras anteriores. A Constituição Federal é um marco "fundamental na instituição da cidadania das mulheres do ponto de vista legal, ao afirmar nos seus princípios que homens e mulheres são iguais em direito e obrigações. Além disso, garante no texto uma série de outros direitos fundamentais específicos para as mulheres." (ÁVILA, 2002, 130).

## Conclusão

A nossa intenção neste estudo foi explicitar, inicialmente, as práticas, as representações e as leituras das educadoras paraibanas e a educação no nosso estado no decorrer do século XX, bem como discutir as relações de gênero que perpassam esses processos, contribuído assim, efetivamente para a construção da história da educação, da história da mulher e da história da leitura na Paraíba. Nessa perspectiva, este trabalho vai ao encontro do que Rosemberg (2002) constatou em pesquisa realizada a partir de dados da Associação Nacional de Pós-Graduação e Pesquisa em Educação (ANPEd), cujas informações estatísticas remetem à escassez de produção acadêmica voltada para a temática mulher e relações de gênero associadas à questão da educação. A autora lamenta que os acadêmicos da educação não tenham se dedicado a aprofundar o estudo de seu objeto específico associado à questão das relações de gênero:

> [...] se o campo da educação não ignora a existência de um debate sobre gênero na academia, a produção discente pós-graduada em seu conjunto não mostra indícios de conformar um campo de conhecimentos estabelecido na disciplina. Considera-se, menciona-se, refere-se à 'questão' mulher/relações

de gênero, mas a perspectiva de análise, por sua generalidade, pouco tem contribuído para compreender dilemas da educação brasileira. (ROSEMBERG, 2002, P.203).

Portanto, integrantes do Grupo de Estudos e Pesquisas "História, Sociedade e Educação no Brasil (HISTEDBR-GT/PB)", desejamos, com este estudo contribuir com os debates e as pesquisas sobre mulher, educação, e relações de gênero que vêm sendo desenvolvidos neste país, porque acreditamos que ainda há muitas lacunas, ainda há muito a ser dito nessas áreas e que a revelação de dados, documentos, fatos, práticas e representações irão dar visibilidade não só às mulheres, mas também às Ciências, às Artes, à Política e seus desdobramentos nas expectativas em relação aos sujeitos masculinos e femininos da sociedade paraibana e brasileira no século XX, algo que, certamente, sugere novos caminhos para um trabalho que apenas se inicia.

## Referências bibliográficas

ÁVILA, Maria Betania. Cidadania, direitos humanos e direitos das mulheres. In: BRUSCHINI, Cristina; UNBEHAUM, Sandra G. (Org.) *Gênero, democracia e sociedade brasileira.* São Paulo: FCC; Ed. 34, 2002, p. 121-142.

CAMBI, Franco. *História da pedagogia.* Tradução por Álvaro Lorencini. São Paulo: Editora da UNESP, 1993. ( Encyclopaideia).

FARIA, Malu; NOBRE, Miriam. *Gênero e desigualdade.* São Paulo: Cadernos Sempreviva, 1987.

LAJOLO, Marisa; ZILBERMAN, Regina. *A formação da leitura no Brasil.* São Paulo: Ática, 1996.

LOURO, G. Mulheres nas Salas de Aula. In.DEL PRIORE, Mary. (org.) *História da Mulher no Brasil.* São Paulo, Contexto, 2002.

MALUF, Marina; MOTT, Maria Lúcia. Recônditos do mundo feminino. In: SEVCENKO, Nicolau. (Org.). *História da vida privada no Brasil:*

República: da belle époque à era do rádio. São Paulo: Companhia das Letras, 1998. p. 368-421.

MORAIS, Maria Arisnete Câmara de. *Leituras de mulheres no século XIX*. Belo Horizonte: Autêntica, 2002.

REIS, José Carlos. *Novelle histoire e tempo histórico*: a contribuição de Febvre, Bloch e Braudel. São Paulo: Ática, 1994.

ROSEMBERG, Fúlvia. Educação formal, mulheres e relações de gênero: balanço preliminar da década de 90. In: BRUSCHINI, Cristina; UNBEHAUM, Sandra G. (Org.) *Gênero, democracia e sociedade brasileira*. São Paulo: FCC; Ed. 34, 2002, p. 195-224.

SOIHET, Raquel. A pedagogia do espaço público pelas mulheres e a militância feminista de Bertha Lutz. In: *Revista brasileira de educação*, Campinas, SP: Autores Associados, n· 15, p. 97-117, set./out./nov./dez. 2000.

# Histórias
# e alternativas de formação

# História de escolarização, *habitus* estudantil, *habitus* professoral: uma didática

*Marilda da Silva*

## Introdução

A reflexão que propomos neste mini curso vem sendo formulada e aplicada desde 1999 quando concluímos nosso doutoramento na Faculdade de Educação da Universidade de São Paulo sob a orientação da professora Denice Barbara Catani. Em 2003 conseguimos formatá-la na forma de um curso, constituindo, desde então, o conteúdo da disciplina obrigatória Didática II, de nossa responsabilidade, que compõe o currículo da Graduação em Pedagogia oferecida pela Faculdade de Ciências e Letras – Campus de Araraquara – UNESP. Esse curso tem estruturado/sustentado muitas de nossas ideias/investigações sobre formação e atuação docente, tendo em vista a produção de uma base empírica que legitime adequadamente nossa afirmação: não é "a didática do professor/a que é de um modo e/ou de outro" como costumeiramente ouvimos e lemos. É, sim, "o *habitus* professoral do professor/a que é de um ou de outro modo". Não falamos mais em Didática, mas sim em *habitus* para referirmos a um, ou a vários, modos de ser e estar professor/a. Essa perspectiva obrigou-nos, principalmente o ponto de vista epistemológico, a reconhecer o *habitus* estudantil, tendo em conta que o processo de ensinar e o de aprender exigem práticas diferentes praticadas por agentes distintos.

## A fundamentação

Os estudos que viemos produzindo - para e dentro -, da disciplina Didática II referem-se à racionalidade da constituição da natureza do trabalho docente, sobretudo no que diz respeito ao ensino na sala de aula. Neles (SILVA, 2002, 2003, 2004a, 2004b, 2005, 2007; SILVA et al., 2008)[1] denominamos essa natureza de *habitus* professoral quando se trata do trabalho realizado em sala de aula para ensinar conteúdos curriculares e de *habitus* estudantil o trabalho realizado para apreender tais saberes[2]. A noção de *habitus* que foi inflexionada em nossos estudos vem de Bourdieu (1983a, 1983b, 1983c, 1989, 1992, 1996). É, portanto, com essa fundamentação que afirmamos: não é "a didática do professor/a" e sim "o *habitus* professoral do professor/a". Também por isso é que vimos observando que a Didática contribui na constituição do *habitus* professoral, mas não tem condições teórico-práticas de determiná-lo. O que o determina são os mecanismos que fazem parte da estruturação do *habitus*, de modo geral e específico. Portanto, não estamos afirmando apenas que a Didática está sendo chamada de *habitus*, o que buscamos, desde 1999, é mostrar que o conjunto de ações de um professor/a ao ensinar um conteúdo constitui, esteticamente, um *habitus* professoral. E o mesmo vale para o estudante.

## A função da história de escolarização na objetivação desta explicação

O que nos levou a essa decisão metodológica no referido curso foi também o volume de investimentos, no Brasil, sobretudo a partir

1. Esses estudos foram realizados com a contribuição de outras pesquisas que tratam de questões que dizem respeito à formação e atuação docente.
2. Em nosso Lattes é possível verificar que a maioria dos trabalhos que viemos orientando tem como fundamentação, ora mais ora menos, ideias de Pierre Bourdieu.

dos anos de 1990, em torno da voz do professor/a, quer seja como método de reflexão sobre a própria prática e profissão quer seja como fonte para o campo educacional brasileiro. Por exemplo, no livro *Os professores e a sua formação*, organizado por Antonio Nóvoa (1992a), os autores defendem que se deve conhecer o saber oriundo da experiência pedagógica dos professores/as por meio do levantamento e reflexão de momentos significativos de seus percursos pessoais e profissionais.

No livro *Docência, memória e gênero: estudos sobre formação*, organizado por Catani et al. (1997a), Kenski, em seu artigo intitulado "Memórias e formação de professores: interfaces com as novas tecnologias de comunicação", afirma que o que o professor/a retém como saber de referência está intimamente ligado à sua experiência profissional. Portanto, é ele que deve dizer sobre ela. Outra informação que advoga a potencialidade metodológica da "voz do professor/a" vem de Catani et al. (1997b), em artigo intitulado "História, memória e autobiografia na pesquisa educacional e na formação":

> Ao reconstruir uma nova concepção sobre tais relações [teoria e prática], eles [os professores] percebem que não se trata de denunciar ou de se autopunir por estas pseudo-incoerências; antes, *trata-se de compreender* como é que elas, professoras, no decurso de sua formação intelectual e profissional, têm incorporado e traduzido em sua prática pedagógica os elementos que compõem as teorias por elas estudadas, e de que modo tais elementos são relativizados, tematizados e reconceitualizados ao se cruzarem com aqueles que procedem da experiência individual e coletiva, e que passam igualmente por um processo de reelaboração. (CATANI et al., 1997b, p.33, grifo nosso).

Observa-se que os autores estão se referindo ao fato de que a voz do professor/a não serve apenas às pesquisas como fonte de dados, serve também como recurso metodológico endógeno, ou seja, ao falar sobre sua prática docente os professores podem, ao mesmo tempo, oferecer informações e refletir sobre o tipo de prática que realizam na sala de aula. Também Catani (1998), em seu artigo intitulado "Práticas de formação e ofício docente", avalia a importância do trabalho com relatos autobiográficos no processo de formação, logo, sobre a voz do professor/a. A autora, baseando-se em Peters (1979), nomeia esse trabalho de didática da iniciação,

> [...] caso se admita que nesses processos de auto-tematização e na produção de relatos autobiográficos de formação o indivíduo tem oportunidade de criar ou transformar modos de compreender as relações com o conhecimento, com o ensino, a vida escolar e a realidade social.
>
> Em mais de um sentido o termo iniciação é o mais apropriado para dar conta dessas formas de compreensão destinadas a favorecer o autoengendramento. No que diz respeito às práticas de educação docente, *iniciar-se no sentido proposto é familiarizar-se com as significações pessoais e sociais dos processos de formação* e justamente essa noção que se torna cara à proposta de produção dos relatos autobiográficos. (CATANI, 1998, p.28, grifo do autor).

Isso quer dizer que no processo de formação para a docência é necessário ter como núcleo de esclarecimento, organicamente, a compreensão da vida pessoal e profissional.

Cynthia Pereira de Sousa (1998), em seu artigo intitulado "Evocação da entrada na escola: relatos autobiográficos de professoras e professores", por sua vez, exemplifica um tipo de exame que a autobiografia permite realizar quando nos interessamos por indagar sobre os modos de funcionamento da memória de professores, identificando valores e imagens que suas lembranças revelam da escola. A esse respeito Sousa (1998, p.31) cita Albert, que afirma que escrever sobre si é auto revelar-se, é um recurso privilegiado de tomada de consciência sobre si mesmo. Sousa (1998, p.33) cita também Guacira Lopes Louro que tem pontuado que, nos estudos da história da educação sob a perspectiva do gênero, a história oral tem se constituído em um referencial importante e promissor. Nessa linha mostra que a socióloga Isabelle Bertaux-Wiame em seu artigo intitulado "*Jours paisibles à Sèvres: la differenciation sociale et sexuelle de la mémoire urbaine*" afirma que não é correto estabelecer uma oposição entre a memória feminina e a masculina, muito embora pareça ser evidente que as mulheres tenham lembranças diferentes das dos homens.

Para ela, Bertaux-Wiame (1985 apud SOUSA, 1998, p.34), a diferença não repousa em nenhum fator biológico, "[...] é o lugar social que é determinante para a estrutura da memória sobre o social [...] e para a produção das formas de memória específica nos homens e nas mulheres." Além desses, outros autores, especialmente no Brasil, desde anos de 1990 vêm mostrando que fontes de caráter autobiográfico produzidas por professores/as constituem mais um instrumento fértil à reflexão acerca da formação e atuação docente. As reflexões advindas dos trabalhos cujas fontes foram constituídas por meio da voz do professor/a, justamente, ocuparam ao longo dos últimos vinte anos espaço significativo nos programas de pós-graduação em nosso país. Contudo, o mesmo não ocorreu com a voz dos estudantes. Se a voz do professor/a deve ser ouvida, a do estudante também.

## A produção das histórias de escolarização

Para estimular/preparar os/as alunos/as, do diurno e do noturno, para registrarem sua história de escolarização eles lêem o livro *A língua absolvida* de Elias Canetti (1987). Essa fonte tem mostrado ser muito fértil nesse preparo. Assim, ao longo do semestre eles/as registram sua história de escolarização: desde o primeiro dia em que ingressaram em algum tipo de escola até o dia em que ingressaram na universidade. Chama-se atenção para o tipo de dados que compõem a história de escolarização: modos de como os professores/as ensinaram esses/as futuros/as professores/as ao longo de sua escolarização: infantil, fundamental e média.

O leitor poderá perguntar, por exemplo: por que os dois primeiros anos da Graduação em Pedagogia não são contemplados no relato, já que os autores encontram-se no terceiro ano da formação? Duas respostas nos ocorrem: uma inteiramente de fórum íntimo, qual seja: não queremos saber no âmbito de nossa disciplina como nossos colegas ensinam aqueles/as estudantes. A outra justificação diz respeito ao fato de que queremos que a disciplina da memória seja voltada para a experiência vivenciada nos níveis de ensino para os quais serão certificados: educação infantil e primeiras séries do ensino fundamental. Vale ressaltar que nessas histórias há informações de identificação familiar acerca do capital cultural da família, sem o que não se pode qualificar o *habitus* de modo geral e os *habitus* professoral e estudantil em particular.

Na leitura dessas histórias também se leva em consideração o gênero dos produtores, tendo em vista verificar se há ou não diferenças no modo de rememorar entre eles e se o tipo de referência/avaliação que fazem a seus professores/as é, ou não, semelhante entre si. Ao fim e ao cabo o que se quer mostrar com este curso é a organicidade entre um *habitus* e outro, sobretudo, porque são práticas totalmente distintas.

## Estudos que esse curso que apresentamos aqui nos impôs

Para que pudéssemos dar continuidade a essa ideia e tendo em vista as produções no campo educacional brasileiro acerca de processos formativos, quer seja na formação inicial quer seja na formação continuada, vimos à necessidade de obter dados que pudessem mostrar como os professores/as, segundo eles próprios, adquirem/

desenvolvem/reproduzem seu *habitus* professoral. Para constituir tal base empírica recorremos às pesquisas produzidas a partir dos anos de 1990 até meados desta década que apresentam reflexões sobre essa problemática. O primeiro critério que adotamos para a realização de tal inquérito (CHOPIN, 2004) foi em relação às características das fontes que iríamos analisar: elas teriam de ter informações a partir da voz do professor/a em diferentes escalas e de diferentes modos, já que vínhamos desenvolvendo o curso a partir desse pressuposto: dar voz aos agentes que atuam na sala de aula: professor/a e aluno/a. A apreensão das representações mencionadas foi feita por meio de uma aproximação à técnica *Análise de conteúdo* (BARDIN, 1977). Os quadros abaixo mostram o levantamento. Contudo, não se trata do Estado da Arte.

Quadro 1 - Dissertações de mestrado utilizadas para análise.

| Nº da obra | Autores | Título das obras | Instituição de defesa | Ano |
|---|---|---|---|---|
| I | FERNANDES, A. V. | **Teoria e prática na formação e atuação de alunas-educadoras do curso de pedagogia**: dicotomia ou convergência? | Universidade Federal de São Carlos | 1995 |
| II | CORSI, A. M. | **O início da construção da profissão docente**: analisando dificuldades enfrentadas por professoras de séries iniciais. | Universidade Federal de São Carlos | 2002 |
| III | MARIANO, A. L. S. | **A construção do início da docência:** um olhar a partir das produções da ANPEd e do ENDIPE. | Universidade Federal de São Carlos | 2006 |

Quadro 2 - Teses de doutorado utilizadas para análise

| Nº da obra | Autor | Título da obra | Instituição de defesa | Ano |
|---|---|---|---|---|
| I | GUARNIERI, M. R. | **Tornando-se professor**: o início da carreira docente e a consolidação da profissão (um estudo em escola pública). | Universidade Federal de São Carlos | 1996 |
| II | ABDALLA, M. F. | **Formação e desenvolvimento profissional do professor**: o aprender da profissão. | Faculdade de Educação da Universidade de São Paulo | 2000 |
| III | VIEIRA, H. M. M. | **Como vou aprendendo a ser professora depois da formatura**: análise do tornar-se professora na prática docente. | Universidade Federal de São Carlos | 2002 |
| IV | MONTEIRO, F. M. A. | **Desenvolvimento profissional:** uma experiência em um curso de Licenciatura em Pedagogia. | Universidade Federal de São Carlos | 2003 |
| V | FERNANDES, A. V. | **Como o professor universitário aprende a ensinar?:** um estudo na perspectiva da socialização profissional. | Universidade Federal de São Carlos | 2005 |

Quadro 3 – Livros utilizados para análise.

| Nº da obra | Autor | Título da obra | Imprenta |
|---|---|---|---|
| I | NÓVOA, A. (Org.). | **Os professores e a sua formação** | Lisboa: Instituto de Inovação Educacional, 1992a. |
| II | NÓVOA, A. (Org.). | **Vidas de professores** | Porto: Porto Ed., 1992b. |
| III | CUNHA, M. I. | **O bom professor e sua prática** | Campinas: Papirus, 1992. |
| IV | REALI, A. M. M.; MIZUKAMI, M. G. N. | **Formação de professores**: tendências atuais | São Carlos: EDUFSCar, 1996 |
| V | CATANI, D. B. et al. (Org.). | **Docência, memória e gênero:** estudos sobre formação | São Paulo: Escrituras, 1997a. |
| VI | MAGNANI, M. R. M. | **Em sobressaltos:** formação de professora. | Campinas: Ed. UNICAMP,1997 |
| VII | SÃO PAULO. Secretaria de Estado da Educação. | **O Professor escreve sua história** | São Paulo: Abrelivros, 1997. |
| VIII | ALMEIDA, J. S. | **Mulher e educação:** a paixão pelo possível | São Paulo: Ed. UNESP, 1998. |
| IX | BUENO, B. O.; CATANI, D. B.; SOUSA, C. P. (Org.). | **A vida e o ofício dos professores:** formação contínua, autobiografia e pesquisa em colaboração | São Paulo: Escrituras, 1998. |
| X | MARCELO GARCÍA, C. | **Formação de professores:** para uma mudança educativa | Porto: Porto Ed., 1999. |
| XI | PIMENTA, S. G. | **Didática e formação de professores**: percursos e perspectivas. | São Paulo: Cortez, 1998a. |
| XII | FONTANA, R. A. | **Como nos tornamos professoras?** | Belo Horizonte: Autêntica, 2000a. |
| XIII | LIBÂNIO, J. C. | **Organização e gestão da escola:** teoria e prática. | Goiânia: Alternativa, 2001. |

Quadro 4 - Capítulos de livros[3]

| Nº da obra | Autor | **Título dos capítulos** | **Fonte** |
|---|---|---|---|
| I | BEM-PERETZ, M. | Episódios do passado evocados por professores aposentados | NÓVOA, A. (Org.). **Vidas de professores.** Lisboa: Porto Ed., 1992. p.199-214. |
| III | HOLLY, M. L. | Investigando a vida profissional dos professores: diários biográficos. | NOVOA, A. (Org.). **Vidas de professores.** Lisboa: Porto Ed., 1992. p.79-110. |
| II | PÉREZ GÓMEZ, A. | O pensamento prático do professor: a formação do professor como profissional reflexivo | NOVOA, A. (Org.). **Os professores e a sua formação.** Lisboa, Instituto de Inovação Educacional, 1992. p.93-114. |
| IV | SCHÖN, D. A. | Formar professores como Profissionais Reflexivos. | NÓVOA, A. (Org.). **Os professores e a sua formação.** Lisboa: Instituto de Inovação Educacional, 1992. p.93-115. |
| V | MIZUKAMI, M. G. N. | Docência, trajetórias pessoais e desenvolvimento profissional. | REALI, A. M. M. R; MIZUKAMI, M. G. N. **Formação de professores**: tendências atuais. São Carlos: EDUFSCar, 1996. p.59-91. |
| VI | BIGARELLI, M. J. C. V. | Lição de simplicidade | SÃO PAULO. Secretaria de Estado da Educação. **O Professor escreve sua história.** São Paulo: Abrelivros, 1997. p.94-95. |

*Continua*

3. O leitor observará no quadro Capítulos de livros que os capítulos fazem parte dos livros aqui citados. Embora possa parecer redundante, portanto desnecessário, optamos por manter assim, tendo em vista que de nem todos os capítulos dos respectivos livros foram extraídas informações. Porém, o livro como um todo compõe o *corpus* documental. O que nos interessa com os quadros é mostrar as fontes e não a quantidade delas propriamente dita.

*Continuação*

| Nº da obra | Autor | Título dos capítulos | Fonte |
|---|---|---|---|
| VII | CATANI, D. B. et al. | História, memória e autobiografia na pesquisa educacional e na formação. | CATANI, D. B. et al. (Org.). **Docência, memória e gênero:** estudos sobre formação. São Paulo, Escrituras, 1997b. p.13-47. |
| VIII | COSTA, A. M. | Um pé na África e no coração também. | SÃO PAULO. Secretaria de Estado da Educação. **O professor escreve sua história.** São Paulo: Abrelivros, 1997. p.29. |
| IX | JACON, M. A. | Reminiscências. | SÃO PAULO. Secretaria de Estado da Educação. **O professor escreve sua história.** São Paulo: Abrelivros, 1997. p.90-91. |
| X | KENSKI, V. M. | Memórias e formação de professores: interfaces com as novas tecnologias de comunicação. | CATANI, D. B. et al. (Org.). **Docência, memória e gênero:** estudos sobre formação. São Paulo, Escrituras, 1997. p.85-98. |
| XI | VARGAS, D. S. P. | Professora, adeus. | SÃO PAULO. Secretaria de Estado da Educação. **O professor escreve sua história.** São Paulo: Abrelivros, 1997. p.49-50. |
| XII | JESUS, L. F. O. | Autoformação: conhecendo a vida e o trabalho de professoras e professores. | BUENO, B. O.; CATANI, D. B.; SOUSA, C. P. (Org.). **A vida e o ofício dos professores:** formação contínua, autobiografia e pesquisa em colaboração. São Paulo: Escrituras, 1998. p.101-110. |
| XIII | LAPO, F. R | Dos bancos escolares à cadeira da professora. | BUENO, B. O.; CATANI, D. B.; SOUSA, C. P. (Org.). **A vida e o ofício dos professores:** formação contínua, autobiografia e pesquisa em colaboração. São Paulo: Escrituras, 1998. p.119-127. |

*Continua*

*Continuação*

| Nº da obra | Autor | **Título dos capítulos** | **Fonte** |
|---|---|---|---|
| XIV | MUNHOZ, D. | Inquietações com a prática pedagógica e formação contínua para professores. | BUENO, B. O.; CATANI, D. B.; SOUSA, C. P. (Org.). **A vida e o ofício dos professores:** formação contínua, autobiografia e pesquisa em colaboração**.** São Paulo: Escrituras, 1998. p.111-117. |
| XV | PEREIRA, I. N. | O magistério: um encontro. | BUENO, B. O.; CATANI, D. B.; SOUSA, C. P. (Org.). **A vida e o ofício dos professores:** formação contínua, autobiografia e pesquisa em colaboração. São Paulo: Escrituras, 1998. p.157-160. |
| XVI | PIMENTA, S. G. | Formação de professores: identidades e saberes da docência. | PIMENTA, S. G. **Didática e formação de professores**: percursos e perspectivas. São Paulo: Cortez, 1998b. p.15-34. |
| XVII | BARBOSA, M. V.; MENDONÇA, S. G. L. | Licenciatura em Ciências Sociais: problemas e perspectivas. | MORTATTI, M. R. L. (Org.). **Formação de professores:** propostas para ação reflexiva no ensino fundamental e médio. Araraquara: JM Ed., 2003. p.5-95. |

Quadro 5 - Artigos

| Nº da obra | Autor | Título do Artigo | Fonte |
|---|---|---|---|
| I | FONTANA, R. C. | Trabalho e subjetividade: nos rituais da iniciação, a constituição do ser professora. | **Caderno CEDES**, Campinas, v.20, n.50, p.103-119, abr., 2000b. |
| II | MARCELO GARCÍA, C. | Pesquisa sobre formação de professores: o conhecimento sobre aprender a ensinar. | **Revista Brasileira de Educação,** São Paulo, n.9, p.51-75, set./dez., 1998. |
| III | MONTEIRO, A. M. F. C. | Professores: entre saberes e práticas. | **Educação e Sociedade,** São Paulo, ano XXII, n.74, p.121-142, abr., 2001. |
| IV | NUNES, C. M. F. | Saberes docentes e formação de professores: um breve panorama da pesquisa brasileira. | **Educação e Sociedade**, São Paulo, ano XXII, n. 74, p.27-42, abr., 2001. |
| V | SILVA, M. da | O *habitus* professoral: o objeto dos estudos sobre o ato de ensinar na sala de aula. | **Revista Brasileira de Educação,** Rio de Janeiro, n.29, p.152-163, maio/ago. 2005. |

Para reiterar, com a pesquisa que realizamos com essas fontes pudemos afirmar: desde os anos de 1990 vem se mostrando que a prática docente se aprende no exercício da prática docente propriamente dita e não durante a formação que certifica para a docência. Na universidade, ainda estudante, o aprendizado é dos saberes teóricos que fundamentam o exercício do saberes pedagógicos de natureza eminentemente prática que serão desenvolvidos/produzidos/reproduzidos somente no exercício da docência, apesar da significativa carga horária de atividades práticas que tem a Graduação em Pedagogia e as demais Licenciaturas. Essa constatação corrobora, portanto, nossos estudos e os outros de mesmo objetivo que conferem ao exercício das práticas pedagógicas exercidas em sala de aula a constituição de um *habitus* profissional específico. E, simultaneamente, fortalecem nossas ideias em torno do *habitus* estudantil, tendo em vista os tipos de práticas que os agentes realizam, professores e alunos, nas suas respectivas instâncias de atuação, isto é: quando se estuda se pratica a prática de estudante, quando se ensina na sala de aula se pratica a prática de professor/a, que denominamos, respectivamente, *habitus* estudantil e *habitus* professoral. São esses dois *habitus*[4] que, a nosso juízo, precisam ser descritos conjuntamente para que possamos obter elementos que sejam úteis para se pensar os processos formativos de professores. Por isso é que na Introdução registramos:

> Esse curso tem estruturado/sustentado muitas de nossas ideias/ investigações sobre formação e atuação docente, tendo em vista a produção de uma base empírica que legitime adequadamente nossa afirmação: não é "a didática do professor/a que é de um modo e/ou de outro" como costumeiramente ouvimos e lemos. É, sim, "o *habitus* professoral do professor/a que é de um ou de outro modo".

Nesse sentido, a visualização do *habitus* professoral e do *habitus* estudantil - por meio das histórias de escolarização -, permite a visualização dos elementos didáticos que constituem os modos de ser e estar professor/a e aluno/a no âmbito do processo de ensinar e de aprender na sala de aula, neste caso, no âmbito da disciplina Didática II ofertada na Graduação em Pedagogia na Faculdade de Ciências e Letras – Campus Araraquara – UNESP.

---

4. A ideia desses dois *habitus* detalhamos nos textos já publicados intitulados: Narrativas de formação e estágio supervisionado: reflexão sobre uma parceria pedagógica para ser aproveitada na formação de professores (SILVA, 2004b) e *Habitus* profesional y *habitus* estudiantil: una hipótesis acerca de la formácion de profesores (SILVA, 2007).

# Referências bibliográficas


ABDALLA, M. de F. B. *Formação e desenvolvimento profissional de professores*: o aprender da profissão: um estudo em escola pública. 2000. Tese (Doutorado em Educação) - Universidade de São Paulo, São Paulo, 2000.

ALMEIDA, J. S. *Mulher e educação*: a paixão pelo possível. São Paulo: Ed. da UNESP, 1998.

BARBOSA, M. V.; MENDONÇA, S. G. L. Licenciatura em ciências sociais: problemas e perspectivas. In: MORTATTI, M. R. L. (Org.). *Formação de professores*: propostas para ação reflexiva no ensino fundamental e médio. Araraquara: JM Ed., 2003. p.5-95.

BARDIN, L. *Análise de conteúdo*. Lisboa: Edições 70, 1977.

BEN-PERETZ, M. Episódios do passado évocados por professores aposentados. In: NOVOA, A. (Org.). *Vidas de professores*. Lisboa: Porto Ed., 1992. p.199-214.

BIGARELLI, M. J. C. V. Lição de simplicidade. In: SÃO PAULO. Secretaria de Estado da Educação *O professor escreve sua história*. São Paulo: Abrelivros: FDE: UNICEP, 1997. p.94-95.

BOURDIEU, P. Algumas propriedades do campo. In: BOURDIEU, P. *Questões de sociologia*. Tradução de Jeni Vaitsman. Rio de Janeiro: Marco Zero, 1983a. p.89-94.

_____. O campo científico. In: ORTIZ, R. (Org.). *Pierre Bourdieu*: sociologia. Tradução de Paula Montero e Alicia Auzmendi. São Paulo: Ática, 1983b. p.122-155.

_____. Esboço de uma teoria da prática. In: ORTIZ, R. (Org.). *Pierre Bourdieu*: sociologia. Tradução de Paula Montero e Alicia Auzmendi. São Paulo: Ática, 1983c. p.46-81.

_____. A gênese dos conceitos de habitus e de campo. In: BOURDIEU, P. *O poder simbólico*. Tradução de Fernando Tomaz. Rio de Janeiro: Bertrand Brasil, 1989. p.59-73.

_____. Campo do poder, campo intelectual e habitus de classe. In: BOURDIEU, P. *Economia das trocas simbólicas*. Rio de Janeiro: Perspectiva, 1992. p.201 -202.

_____. *Razões práticas*: sobre a teoria da ação. Tradução de Mariza Corrêa. Campinas: Papirus, 1996.

BUENO, B. O.; CATANI, D. B.; SOUSA, C. P. (Org.). *A vida e o ofício dos professores*: formação contínua, autobiografia e pesquisa em colaboração. São Paulo: Escrituras, 1998.

CANETTI, E. *A língua absolvida*: história de uma juventude. São Paulo: Companhia das Letras, 1987.

CATANI, D. B. Práticas de formação e ofício docente. In: BUENO, B. O.; CATANI, D. B.; SOUSA, C. P. (Org.). *A vida e o ofício dos professores*: formação contínua, autobiografia e pesquisa em colaboração. São Paulo: Escrituras, 1998. p.23-29.

CATANI, D. B. et al. (Org.). *Docência, memória e gênero*: estudos sobre formação. São Paulo, Escrituras, 1997a.

_____. História, memória e autobiografia na pesquisa educacional e na formação. In: CATANI, D. et al. (Org.). *Docência, memória e gênero*: estudos sobre formação. São Paulo: Escrituras, 1997b. p.13-47.

CHOPPIN, A. *História dos livros e das edições didáticas*: sobre o estado da arte. Educação e Pesquisa, São Paulo, v.30, p.549-566, set./dez., 2004.

CORSI, A. M. *O início da construção da profissão docente*: analisando dificuldades enfrentadas por professoras de séries iniciais. 2002. Dissertação (Mestrado em Educação) - Universidade Federal de São Carlos, São Carlos, 2002.

COSTA, A. M. Um pé na África e o coração também. In: SÃO PAULO. Secretaria de Estado da Educação. *O professor escreve sua história.* São Paulo: Abrelivros:FDE: UNICEF, 1997. p.29.

CUNHA, M. I. *O bom professor e sua prática.* 2.ed. Campinas: Papirus, 1992.

FERNANDES, A. V. *Teoria e prática na formação e atuação de alunas-educadoras do curso de pedagogia*: dicotomia ou convergência? um trabalho fundamentado no resgate da memória. 1995. Dissertação (Mestrado em Educação) - Universidade Federal de São Carlos, São Carlos, 1995.

_____. *Como o professor universitário aprende a ensinar?* um estudo na perspectiva da socialização profissional. 2005. Tese (Doutorado Em Educação) - Universidade Federal de São Carlos, São Carlos, 2005.

FONTANA, R. A. C. *Como nos tornamos professoras?* Belo Horizonte: Autêntica, 2000a.

_____. Trabalho e subjetividade: nos rituais da iniciação, a constituição do ser professora. *Caderno CEDES*, Campinas, v.20, n.50, p.103-119, abr., 2000b.

GUARNIERI, M. R. *Tornando-se professor*: o início da carreira docente e a consolidação da profissão. 1996. Tese (Doutorado em Educação) - Universidade Federal de São Carlos, São Carlos, 1996.

HOLLY, M. L. Investigando a vida profissional dos professores: diários biográficos. In: NOVOA, A. (Org.). *Vidas de professores*. Lisboa: Porto Ed., 1992. p.79-110.

JACON, M. A. Reminiscências. In: SÃO PAULO. Secretaria de Estado da Educação. *O professor escreve sua história*. São Paulo: Abrelivros: FDE: UNICEF, 1997. p.90-91.

JESUS, L. F. O. Autoformação: conhecendo a vida e o trabalho de professoras e professores. In: BUENO, B. O.; CATANI, D. B.; SOUSA, C. P. (Org.). *A vida e o ofício dos professores*: formação contínua, autobiografia e pesquisa em colaboração. São Paulo: Escrituras, 1998. p.101-110.

KENSKI, V. M. Memórias e formação de professores: interfaces com as novas tecnologias de comunicação. In: CATANI, D. et al. (Org.). *Docência, memória e gênero*: estudos sobre formação. São Paulo, Escrituras, 1997. p.85-98.

LAPO, F. R. Dos bancos escolares à cadeira da professora. In: BUENO, B. O.; CATANI, D. B.; SOUSA, C. P. (Org.). *A vida e o ofício dos professores*: formação contínua, autobiografia e pesquisa em colaboração. São Paulo: Escrituras, 1998. p.119-127.

LIBÂNIO, J. C. *Organização e gestão da escola*: teoria e prática. Goiânia: Alternativa, 2001.

MAGNANI, M. R. M. *Em sobressaltos*: formação de professora. 2.ed. Campinas: Ed. Da UNICAMP, 1997.

MARCELO GARCÍA, C. Pesquisa sobre formação de professores: o conhecimento sobre aprender a ensinar. *Revista Brasileira de Educação*, São Paulo, n.9, p.51-75, set./dez., 1998.

______. *Formação de professores*: para uma mudança educativa. Tradução de Isabel Narciso. Porto: Porto Ed., 1999. (Coleção ciências da educação – século XXI).

MARIANO, A. L. S. *A construção do início da docência*: um olhar a partir das produções da ANPEd e do ENDIPE. 2006. Dissertação (Mestrado em Educação) - Universidade Federal de São Carlos, São Carlos, 2006.

MIZUKAMI, M. G. N. Docência, trajetórias pessoais e desenvolvimento profissional. In: REALI, A. M. M. R.; MIZUKAMI, M. G. N. *Formação de professores*: tendências atuais. São Carlos: EDUFSCar, 1996. p.59-89.

MONTEIRO, A. M. F. C. Professores: entre saberes e práticas. *Educação e Sociedade*, São Paulo, ano XXII, n.74, p.121-142. abr., 2001.

MONTEIRO, F. M. A. *Desenvolvimento profissional*: uma experiência em um curso de Licenciatura em Pedagogia. 2003. Tese (Doutorado em Educação) - Universidade Federal de São Carlos, São Carlos, 2003.

MUNHOZ, D. Inquietações com a prática pedagógica e formação contínua para professores. In: BUENO, B. O.; CATANI, D. B.; SOUSA, C. P. (Org.). *A vida e o ofício dos professores*: formação contínua, autobiografia e pesquisa em colaboração. São Paulo: Escrituras, 1998. p.111-117.

NÓVOA, A. (Org). *Os professores e a sua formação*. Lisboa: Instituto de Inovação Educacional, 1992a.

______. *Vidas de professores*. Lisboa: Porto Ed., 1992b.

NUNES, C. M. F. Saberes docentes e formação de professores: um breve panorama da pesquisa brasileira. *Educação e Sociedade*, São Paulo, ano XXII, n.74, p.27-42. abr., 2001.

PEREIRA, I. N. O magistério: um encontro. In: BUENO, B. O.; CATANI, D. B.; SOUSA, C. P. (Org.). *A vida e o ofício dos professores*: formação contínua, autobiografia e pesquisa em colaboração. São Paulo, Escrituras, 1998. p.157-160.

PÉREZ GÓMEZ, A. O pensamento prático do professor: a formação do professor como profissional reflexivo. In: NÓVOA, A. (Org.). *Os professores e a sua formação*. Lisboa: Instituto de Inovação Educacional, 1992. p.93-114.

PETERS, R. S. Educação como iniciação. In: ARCHAMBAULT, R. D. (Org.). *Educação e análise filosófica*. Tradução de Carlos E. Guimarães e Maria Conceição Guimarães. São Paulo: Saraiva, 1979. p.101-130.

PIMENTA, S. G. *Didática e formação de professores*: percursos e perspectivas. São Paulo: Cortez, 1998a

______. Formação de professores: identidades e saberes da docência. In: ______. *Didática e formação de professores*: percursos e perspectivas. São Paulo: Cortez, 1998b. p.15-34.

REALI, A. M. M.; MIZUKAMI, M. G. N. *Formação de professores*: tendências atuais São Carlos: EDUFSCar, 1996.

SÃO PAULO. Secretaria de Estado da Educação. *O professor escreve sua história*. São Paulo: Abrelivros: FDE: UNICEF, 1997.

SCHÖN, D. A. Formar professores como profissionais reflexivos. In: NÓVOA, A. (Org.). *Os professores e a sua formação*. Lisboa: Instituto de Inovação Educacional, 1992. p.93-115.

SILVA, M. da. Explicação do conteúdo: elemento estruturante da aprendizagem eficaz. *Cadernos de Pesquisa*, São Paulo, n.115, p.195-205. 2002.

SILVA, M. da. *Como se ensina e como se aprende a ser professor*: a evidência do habitus professoral e da natureza pratica da didática. Bauru: EDUSC, 2003.

_____. *Metáforas e entrelinhas da profissão docente*. São Paulo: Pioneira, 2004a.

_____. Narrativas de formação e estágio supervisionado: reflexão sobre uma parceria pedagógica para ser aproveitada na formação de professores. In: BARBOSA, R. L. L. *Trajetórias e perspectivas da formação de educadores*. São Paulo: Ed. da UNESP, 2004b. p.371-381.

_____. O habitus professoral: o objeto dos estudos sobre o ato de ensinar na sala de aula. *Revista Brasileira de Educação*, Rio de Janeiro, n.29, p.152-163, maio/ago., 2005.

_____. *Habitus* profesional y *habitus* estudiantil: una hipótesis acerca de laformácion de professores. IN. HEREDERO, E. S. et al. (Coord.). *Educación y sociedad global: demandas y aportaciones*. Alcalá – Madri: Universidad de Alcalá: Servicio de Publicaciones, 2007. p.261 -269.

SILVA, M. da et al. A educação complementar em Araraquara-SP: uma oportunidade de reestruturação do *habitus* para as classes populares. *Educação*: revista do centro de educação UFSM, Santa Maria, v.33 n.2, p.353-363, 2008.

SOUSA, C. P. Evocação da entrada na escola: relatos autobiográficos de professoras e professores. In: BUENO, B. C.; CATANI, D. B.; SOUSA, C. P. (Org.). *A vida e o ofício dos professores*: formação contínua, autobiografia e pesquisa em colaboração. São Paulo: Escrituras, 1998. p.31- 44.

TARDIF, M. *Saberes docentes e formação profissional*. 3.ed. Tradução de Francisco Pereira. Petrópolis: Vozes, 2002.

VARGAS, D. S. P. Professora, adeus. In: SÃO PAULO. Secretaria de Estado da Educação. *O professor escreve sua história*. São Paulo: Abrelivros: FDE: UNICEF, 1997. p.49-50.

VIEIRA, H. M. M. *Como vou aprendendo a ser professora depois da formatura*: análise do tornar-se professora na prática da docência. 2002. Tese (Doutorado em Educação) - Universidade federal de São Carlos, São Carlos, 2002.

# Transformar el aula, la escuela y la comunidad: la voz y la escritura de los docentes

*Roberto Pulido Ochoa*
*Carmen Ruiz Nakasone*

## Introducción

Desde los años noventas, nos propusimos construir alternativas metodológicas para la formación de docentes, particularmente en el campo de la lectura y la escritura en educación básica. Nos planteamos propiciar la reflexión sobre la práctica, la resignificación de concepciones respecto al aprendizaje y la enseñanza de la lectura y la escritura, la construcción de propuestas pedagógicas, asumiendo al maestro como sujeto de saberes, de conocimientos y de política.

## La documentación narrativa en la formación de los profesores

Propusimos a los profesores documentar su experiencia de intervención a partir de la narrativa, por las siguientes razones:

La documentación narrativa implica un proceso de objetivación y de sistematización que permite a los profesores reflexionar sobre lo ya actuado, sobre lo ya enseñado, una vez que han tomado distancia de los acontecimientos. En este sentido, constituye una de las herramientas básicas a través de las cuales los maestros interrogan su propio desempeño profesional, pues les permite analizar el recorrido entre lo que planificaron, lo que pretendían que aprendieran sus alumnos y lo que efectivamente enseñaron y lograron que aprendieran.

La documentación narrativa promueve la reflexión desde y sobre la propia práctica, constituye un aporte al fortalecimiento de la tarea profesional de los docentes, puesto que les permite tomar decisiones y desarrollar nuevas acciones desde la escuela.

La documentación narrativa de las experiencias pedagógicas, permite la difusión de las experiencias a otros actores, en especial, a otros maestros. Esto le da vida al currículum, pues hace público lo que saben y hacen los maestros, revela la dimensión humana de la profesión y posibilita que otros maestros se apropien y transfieran las experiencias a su contexto profesional.

Por tales razones, uno de los propósitos que nos planteamos como asesores acompañantes, en el proceso de construcción de los proyectos, fue dar cuenta de los procesos que emergen cuando los profesores emprenden la construcción de sus proyectos de intervención. Este es el propósito del siguiente apartado.

## La construcción social de los proyectos de intervención

Los fragmentos de la documentación narrativa aquí seleccionados, dan cuenta de algunas experiencias pedagógicas de los profesores relacionadas con la *Construcción social del proyecto de intervención.* Estas experiencias permiten identificar las etapas, contenidos y diversidad de proyectos de trabajo en el aula y/o comunitarios.

Identificamos 4 categorías: El origen del proyecto, construcción del consenso, metodología de indagación desde los profesores, identidad del maestro como indagador y a partir de la propuesta de la Edición Pedagógica de Lili Ochoa.

## 1. El origen del proyecto

El origen del proyecto es una de las categorías que da cuenta de los motivos por los cuales los profesores deciden emprender su proyecto. Éstos expresan la necesidad de buscar alternativas innovadoras de trabajo.

A continuación damos a conocer algunos de esos motivos definidos desde los maestros.

a) De los problemas de enseñanza y aprendizaje.

La Profesora Estela García López trabaja en una escuela bilingüe, en la región de la mixteca, con un grupo de 4º grado. Manifiesta su preocupación por la lengua materna, el mixteco. Argumenta que dicha lengua ha sufrido exclusión en la escuela y han sido los profesores quienes han promovido que no sea considerada como parte de los contenidos curriculares y de las formas de comunicación e interacción en el aula. La lengua materna ha sido considerada por los profesores como un obstáculo para que los niños aprendan los contenidos de las distintas asignaturas. Tal es la exclusión, que en la escuela los niños no hablan la lengua materna, sólo hablan el castellano, sin embargo, en otros espacios que no son de la escuela, como la calle, las casas de los niños o la plaza, los niños hablan su lengua materna. A partir de vivir cotidianamente esta problemática, la maestra Estela se plantea desarrollar un proyecto para integrar el mixteco en la producción de textos narrativos por parte de los niños y padres de familia.

Cuenta la maestra Estela:

> "El tratamiento de los contenidos escolares en la escuela primaria bilingüe "21 DE MARZO" se realiza basándose en el Plan y Programa Nacional, de manera que la enseñanza se realiza empleando la lengua castellana y por este medio se introduce otra cultura sin considerar el contexto de los alumnos, por lo tanto la lectura y la escritura se inician con la lengua

castellana, cuando la mayoría de los alumnos hablan una lengua diferente, en este caso, el Mixteco (tu´un Savi).

Esta situación se da desde el nivel preescolar. Así como la lengua, en el municipio existen otros elementos culturales propios de la comunidad, por ejemplo, los bailes y sus trajes originales de las mujeres, pero lamentablemente se ha impuesto el uniforme comercial y otros bailes ajenos a la comunidad. Somos los docentes, a través de la escuela, quienes hemos promovido esta exclusión. Toda esa riqueza que ha estado presente en la cultura de nuestras comunidades que se ha transmitido de manera oral, de generación en generación, y de lo que desafortunadamente los niños tienen poco conocimiento, más cuando ya no viven con los abuelos, se ha estado perdiendo.

La lengua con la cual se comunican la mayoría de los niños en su casa, en el camino, en la escuela, en los juegos y con sus padres es el Mixteco; en la escuela, en los actos cívicos y sociales se habla en castellano; en el aula, para dar indicaciones, para contar un cuento, la comunicación oral se realiza empleando la lengua castellana, aunque los niños no comprendan lo que escuchan.

En el aula la práctica de la lengua escrita también se realiza en español, no hay prácticas de la lengua escrita en la lengua mixteca; la escritura de cuentos, descripciones y todo tipo de texto se hace en español y en ocasiones, se traducen en mixteco, esto provoca problemas porque la estructura de cada lengua es diferente.

Esta situación se da en casi en todas las escuelas primarias del municipio y en todos los niveles, aun con los docentes que son nativos del lugar. Los argumentos que dan son los siguientes: la lengua originaria es un obstáculo para la superación, para expresarse mejor en español, porque no son de la variante dialectal de la comunidad en donde trabajan o porque no conocen el alfabeto de la Lengua. Todos los años se escuchan estas justificaciones por la mayoría de los docentes y esto influye también para que los niños no reconozcan los elementos culturales de su comunidad y como consecuencia se llegue a la pérdida del mismo.

Pero lo cierto es que tampoco se escriben textos en español y los pocos que se escriben, no se hacen con el proceso de la escritura, no hay plan de escritura, ni revisión de borrador, ni la reescritura, se escribe solo una vez y sólo el maestro conoce su contenido. Otras veces el maestro corrige manchando el texto, pero no hay reescritura. Así mismo, en los textos en cuanto a su contenido, no hay composición de párrafos, claridad de ideas, cohesión de texto y en cuanto a su forma, hay faltas de ortografía, puntuación y legibilidad". (García Estela, 2009).

b) De los problemas de la escuela.

El proyecto "Por una biblioteca de escuela rural incompleta" pretende dar cuenta de la problemática relacionada con el uso de las bibliotecas de aula y escolar. El profesor Jaime, director de la escuela tiene experiencia en el Fomento a la lectura y gestión escolar, lo que le ha posibilitado generar un proyecto con profesores que laboran en distintas escuelas.

(...) Fue entonces, cuando el día de una reunión sindical, mientras platicábamos de algunos asuntos de la delegación, uno de los compañeros me preguntó: - "Oye Jaime, a ti que te gusta esa onda de la lectura, ¿podrías apoyarme con la biblioteca de mi escuela?

En un espacio corto de tiempo libre que teníamos surgieron algunos comentarios de los profesores de las escuelas de organización incompleta, pues argumentaban que se les dificultaba instalar su biblioteca y que aún los libros estaban un poco arrumbados y que tampoco sabían de qué manera trabajar con ellos, por lo que necesitaban apoyo".

> Aunado a lo anterior, en un día que visité algunas de esas escuelas, corroboré que había algunas bibliotecas abandonadas, los libros guardados en un rincón o en cajas. Y por lo que me di cuenta, tampoco se trataba de ponerlos en circulación, quizás porque el tiempo que tenían libre lo utilizaban en otras actividades, por no conocer cómo hacerle o simplemente porque no tenían la idea de que leer es placentero. (Hernández Jaime, 2009).

c) De los problemas de la comunidad.

El conflicto intercomunitario es uno de los móviles que dieron origen al Proyecto del Profesor *Pave*. Este conflicto surge por la necesidad de la comunidad de Las Sedas por pretender separarse del Municipio de Francisco Telixtlahuaca. Para ello la Corte de Justicia les solicita documentar la fundación del pueblo.

De ahí la propuesta "El Rescate de la historia del pueblo para formar escritores", en el cual participan sus alumnos y las personas del pueblo Las Sedas.

> "…en aquellos días […] se revivieron los problemas con las autoridades municipales, tan graves que la única solución pertinente para el Concejo de Ancianos [de la comunidad de Las Sedas, donde me encuentro trabajando] era su separación del Municipio de San Francisco Telixtlahuaca. [La petición prosperó], y con ella llegó a la Agencia una orden desde la Suprema Corte de Justicia, solicitando algunos relatos que contaran cómo se fundó el pueblo, quiénes fueron sus primeros habitantes, qué lengua hablaban los primeros fundadores y cómo se iniciaron los conflictos con el Municipio. Aquí inició el problema para el Concejo, pues no todos conocían esas historias. Para iniciar el trabajo de escritura de relatos, el Concejo se reunió varias ocasiones […] pero no lograron llegar a un acuerdo, pues cada quien platicaba de forma diferente, incluso algunas historias eran desconocidas. Para superar esta situa-

> ción, acordaron que cada integrante del Concejo escribiera un relato y después se discutiría. (Rodrigo, Pavel, 2009).

Es así como el maestro recoge esta problemática del pueblo y la extiende hacia la escuela y sus alumnos. Así nace su proyecto de intervención.

d) De los deseos de los profesores.

El deseo de reencontrarse a sí mismos a través de las historias de sus pueblos, el deseo de que los alumnos no padezcan las limitaciones escolares que vivieron de pequeños, el deseo de conocer áreas afectivas de los alumnos, el deseo de ayudar a los niños, son motivos que los profesores relatan y que los llevan a emprender sus proyectos.

> "Cuando pensé en qué podría trabajar con los alumnos y personas de la comunidad, pensé en construir la historia de mi comunidad. Escribir la historia del pueblo: El Fortín Alto, fue un deseo personal y no he podido hacerlo por diversas circunstancias.
>
> Porque en el Fortín la emigración es considerable hacia los Estados Unidos de Norteamérica. Cuando regresan a nuestro pueblo, las costumbres nuevas rebasan a la propia cultura del pueblo: las formas de vestir, hablar y comportamientos son distintos a los valores propios de la comunidad. (González Rosa, 2009).

## 2. Construcción del consenso.

Durante el proceso de la Construcción del consenso, los maestros y maestras se enfrentan a una diversidad de problemas para lograr la aceptación de su proyecto de intervención. Algunas veces consiguen el consenso condicionado, otras veces reciben el apoyo y el entusiasmo de los niños, padres de familia y autoridades educativas y municipales, sin embargo, los maestros saben que construir una propuesta requiere tener una conciencia de cambio y tiempo extra para lograr sus objetivos.

## Los padres de familia, los primeros en aceptar

En la zona rural los padres de familia juegan un papel muy importante en la educación de sus hijos, pueden llegar a aprobar o negar las iniciativas de los maestros. Las prácticas comunitarias rodean a las escuelas en su vida cotidiana, la escuela está en permanente observación por la propia comunidad con la intención de apoyarla y promover su buen funcionamiento. Veamos algunos fragmentos de relatos que apoyan estas consideraciones:

> Cuando les informé sobre el proyecto y les pedí su apoyo, no los noté muy convencidos porque también argumentaron que ni ellos ni los niños sabían escribir el mixteco, pero tampoco se negaron en apoyar a sus hijos. Cuando se empezó a escribir fueron los padres de familia los más interesados en que el texto saliera bien, hasta encontraron algunos escritos de su variante hechos muchos años atrás. (García Estela, 2009).

Así la escuela y sus maestros juegan un papel importante en la medida que se integran a los usos y costumbres de la comunidad, y además las propuestas educativas son valoradas, recibidas y contribuyen al desarrollo de los pueblos. En este sentido, en el relato de la maestra Estela los padres de familia aprecian que se recupere su historia y su lengua mixteca, pero también ven sus propias limitaciones, la traducción y difusión de su lengua. Dice la maestra Estela que ellos eran los más interesados en que los textos quedaran bien y se dan a la tarea de hurgar en documentos antiguos para indagar cómo se escribía en mixteco años antes.

El consenso implica una ardua tarea de comunicación donde se tienen que dar argumentos claros, objetivos y precisos para obtener apoyo y no recibir negativas u obstáculos.

> Así que decidí hacer una asamblea con los 25 niños y sus papás, quinto grado grupo "B" de la escuela primaria "El porvenir". Me interesaba que escucharan el planteamiento del proyecto, ya que ellos serían la parte fundamental del mismo. Como era de esperarse, la mayoría de los padres de familia, eran mujeres. Entre dudas y expectativas comencé la reunión. ¿Qué van a opinar acerca del proyecto que hoy daré a conocer? ¿Será que a ellos les interese recuperar la historia de la comunidad? ¿Y si no aceptan? Un silencio casi sepulcral. Expliqué en qué consistía el proyecto: primera fase: dar a conocer el proyecto y llegar acuerdos; segunda fase: taller de escritura; tercera fase: historia de El Fortín Alto. Sólo murmullos en mixteco se dejaron escuchar. No supe que decían, que opinaban. Finalmente a instancias de Don Crispín único varón en la reunión y abuelo de uno de los niños, el proyecto fue aceptado por la mayoría, aunque con no mucho ánimo; ellos están habituados a aceptar más por obligación que por interés. La primera fase del proyecto se había cumplido. (González Rosa, 2009).

a) La resistencia y el consenso entre los profesores,
frente a proyectos innovadores.

Una constante que encontramos en la construcción del consenso de los proyectos, es la resistencia de compañeros maestros de la misma escuela y de las autoridades educativas. Son los propios compañeros quienes cuestionan al maestro, quien se atreve a proponer actividades para mejorar la educación, ya que se arriesga a romper con la rutina y seguramente a dar más tiempo de lo establecido.

Sobre este problema, veamos algunos párrafos de relatos escritos por maestros:

> Para poder desarrollar este proyecto es necesaria la participación de todo el personal que en total somos 13. En este ciclo se van a incorporar otros. Los demás maestros que han llegado a la comunidad también han padecido la falta de agua, pero su participación se ha limitado a hacer comentarios sobre lo difícil que ha sido estar aquí. No sé que tanto se quieran involucrar en el desarrollo de este proyecto. Lo que me anima a seguir adelante con este proyecto es que cuento con el apoyo de 2 maestras que también han estado buscando la manera de ayudar a la comunidad y sé que juntos lucharemos por involucrar a los demás y lograr los propósitos planteados en el proyecto. (Hernández Pedro 2009).

En este proceso de construcción del consenso, también encontramos docentes que están interesados en transformar el estado de deterioro que se vive en las escuelas y por tales motivos deciden integrarse a los nuevos proyectos:

> ...era necesario hacer el planteamiento a los maestros del CAM 22 del proyecto, frente a ellos. Los maestros hicieron sus comentarios: "es bueno, podemos aprovechar para que puedan trabajar la escritura con los niños que actualmente se encuentran en el área laboral, ya que son jóvenes que por haber llegado con edad avanzada a la escuela, no han podido acceder a la escritura". (López, Gaspar, 2009).

b) Los alumnos dirigen el consenso.

En los primeros meses de la propuesta de intervención no contemplábamos la participación de los alumnos como protagonistas fundamentales, fue durante el proceso del desarrollo del proyecto que nos percatamos de su importancia, sobre todo en la medida en que éstos se apropiaban del proyecto.

Veamos algunos relatos:

> Pensaba ensayar el debate con un tema diferente de historia, pero surgieron más ideas ahí mismo en el salón por parte de los alumnos, unos propusieron temas como la ecología, otros decían que sobre las drogas, sin embargo, uno de los alumnos, Cristóbal, un niño hiperactivo, propuso: ¿por qué mejor no nos pregunta a todos y luego votamos por un tema? El tema que yo había escogido y pensado no había tomado en cuenta el interés de los pequeños, tenía que comenzar de nuevo, pero ahora con una gran experiencia y enseñanza. (Bolaños Patricia 2009)

En el relato anterior se reafirman la importancia de las propuestas de los alumnos y en la mayoría de los proyectos, los alumnos y sus propuestas permitieron repensar el proyecto original. Es necesario entender el sentido de las propuestas de los alumnos, ya que proponen actividades que son significativas para ellos y dan la posibilidad de explorar otros espacios y escenarios. Los maestros siguen pensando los proyectos desde las cuatro paredes del salón de clase, mientras que los alumnos se viven más allá de un aprendizaje tradicional, se atreven a imaginar y se comprometen a construir el proyecto junto con los maestros.

Los alumnos dicen que con sus propuestas "van a aprender mejor", y es cierto, porque hay un compromiso de ellos hacia sus propuestas, están conscientes de que implica un trabajo de organización, desarrollo y término de cada una de las actividades que conforman su propuesta. El papel del maestro es organizar esas propuestas y concatenarlas con el currículo formal, además de coordinar las actividades que se generen a partir de las propuestas consensuadas.

## 3. Metodología de indagación desde los profesores.

Escribir la historia del aula y su comunidad, es para muchos de los maestros un proyecto ético, porque involucra un hondo sentido social de su quehacer. La narrativa de la experiencia es uno de los pasos de su proyecto, pero ¿cómo se hacen de la información los maestros para articular la historia de su itinerario pedagógico? ¿Qué intuiciones o recursos metodológicos deliberados de indagación ponen en juego para relatar lo que pasa y les pasa? Estas narrativas de los docentes es su voz que les permite participar en comunidad. Dice Britzman que "La lucha por la voz empieza cuando una persona intenta comunicar sentido a alguien" (La Rosa, 1995).

## Las fuentes del conocimiento

a) La historia oral de los pueblos.

"... lo poco que he podido recuperar es lo que me ha contado Don Pablo, un señor de aproximadamente 40 años que tiene su tienda a un lado de la Escuela Primaria y que a la hora del recreo vende golosinas en la escuela. Don Pablo me cuenta que cuando él era niño se iba al campo a cuidar a sus chivos, allí le agarraba la lluvia desde la mañana hasta la noche, los ríos entonces crecían tanto que ya no era posible que se regresara a su casa, así que sus papás decidieron construir una pequeña casita en sus terrenos para que cuando no fuera posible que regresara tuviera un lugar seguro donde quedarse...." (Hernández Pedro, 2009).

b) Las pláticas en espacios informales.

"Adalith nos siguió platicando con mucho entusiasmo acerca del uso que se le daba a ese recipiente que ella llama "jarra de pato", por su parecido con ese animal. "La Abuela me contó que esta jarra ha pasado por todas, durante los partos, ahí se hervía el agua para el lavado de las partes íntimas, es que durante cuarenta días nuestras madres no se tenían que bañar, tomar algo frío". (Fuentes, Víctor).

c) Los vínculos externos.

"El proyecto aún era muy general, por lo tanto, se tuvo que contactar con el especialista en radio comunitaria Jürgen Moritz. Esta visita la esperábamos con ansias y angustia porque nosotros carecíamos de conocimientos en este aspecto de la programación de los guiones radiofónicos...". (Medina Anabel, 2009).

d) Las decisiones didácticas.

"Ellos no saben, ni quieren hacer lo de la organización de los contenidos en los proyectos, no les preocupa la importancia de la comprensión de textos informativos, de los momentos que debe preverse para poder aterrizar en el acontecimiento central del proyecto, sólo querían visitar un león, era lo único que les importaba. Tardé otros días en pensar cómo planteárselos de modo que complejizara el asunto, pensé entonces en todo lo que estaba sucediendo a nuestro alrededor". (Olivera Olimpia, 2009).

e) Las herramientas para la memoria.

"Algo que ocurrió el mes pasado, donde la prisa por querer que trabajaran el tema que yo quería, orillaba a que las cosas salieran mal. Considero que mal porque ni se notaba interés en ellos y lo peor, yo no sabía ni que era lo que iba a observar, digo observar, porque según yo, esa era mi preocupación ya que mi propósito estaba claro; mi propósito era que desarrollaran conferencias, entonces lo único que tenía que hacer era recoger evidencias y empecé a grabar, me llené de un sin fin de grabaciones sin sentido que finalmente no se para que me puedan servir". (García Carmen, 2009).

## 4. Identidad del maestro como indagador.

La construcción de relatos pedagógicos por los profesores constituye un camino hacia la investigación educativa. Los maestros, sujetos que individual y colectivamente viven vidas relatadas, representan el mundo de la escuela desde su mirada pedagógica. El relato constituye así la estrategia metodológica que da cuenta de los modos de hacer indagación y de constituirse como docentes que investigan su quehacer. (Suárez, Daniel 2006)

Las particularidades de hacer indagación en el aula permiten construir una mirada específica del maestro como sujeto que reflexiona su práctica, al tiempo que se comparte la noción de comunidad que se interroga sobre los sentidos del aula.

La documentación bibliográfica y la observación.

"Las estadísticas actuales son inquietantes. Una de cada seis personas carece de un acceso regular al agua potable. Más del doble 2.400 millones de personas no disponen de servicios de saneamiento adecuados. Las enfermedades vinculadas con el agua provocan la muerte de un niño cada ocho segundos y son la causa del 80% del total de las enfermedades y muertes en el mundo en desarrollo, situación que resulta mucho más trágica si se tiene en cuenta que desde hace mucho tiempo sabemos que esas enfermedades se pueden prevenir fácilmente". (Hernández Pedro, 2009).

a) Las conjeturas.

Ante esto me asaltan varias preguntas: ¿Qué ocasionó que el agua se acabara? ¿Cuándo comenzó a quedarse sin agua los ríos? ¿Cuáles fueron las causas que ocasionaron que se fueran las lluvias? Estas y otras preguntas deseo poder encontrar su respuesta junto con los niños a lo largo del desarrollo del proyecto". (Hernández Pedro, 2009).

"En esta actividad me di cuenta de que a la mayoría de los pequeños se les dificulta ordenar las ideas, esto también ocurre con los alumnos de secundaria e incluso de grados superiores, por ello creo necesario, y me siento con el compromiso de apoyar en ese sentido a los alumnos, no sólo de mi grupo o escuela, sino donde yo pueda intervenir..." (Bolaños Patricia, 2009).

b) Las reflexiones.

Así las cosas. Un sinnúmero de circunstancias han ido poco a poco haciendo olvidar nuestras raíces culturales. ¿Cómo es posible que no conozcamos sobre nuestra propia historia? ¿Por qué gente extranjera viene a hacer estudios y a tomar muestras de nuestros vestigios culturales? ¿Qué hacer ante tanta enajenación nosotros como docentes? las preguntas invaden nuestras mentes y llegamos de pronto a la conclusión de que no podemos seguir dentro del aula, enseñando la historia sólo a través de fechas, o aprendiendo los nombre de los personajes, las etapas de los pueblos mesoamericanos. ¿Acaso nosotros no somos parte de estas culturas, de esta historia?

Con tanta y tanta información acerca de nuestras propias raíces culturales, en una región tan llena de historia y de tradiciones, ¿Cómo llevarla a las aulas? ¿Cómo lograr que nuestro niños se apropien de la historia de esta región, y que ésta sirva como uno de sus pilares en esa conformación de su identidad, de nuestra identidad como pueblo mixteco? ¿Cómo traspasar las paredes del aula y de la escuela para abrazar los grandes monumentos históricos que sobreviven al paso del tiempo, y que guardan entre sus muros, tantas historias por descubrir? (García Nelly, 2009).

c) Y transformar…

El siguiente miércoles llegamos para continuar: -Terminen de escribir su descripción y cuando terminen, vamos a leer lo que escribieron –dije-. Ricardo no se hizo esperar: -Está muy feo maestra, no lo escribí bien. Los niños no querían mostrar sus trabajos. ¿Por qué no quieren que leamos lo que escribieron? –pregunté-. José Luis respondió: -está mal lo que escribimos, califíqueme mejor.

Fueron algunas de las excusas que los niños dijeron porque no querían mostrar su escrito, ellos están habituados a que el maestro apruebe o repruebe lo que hacen; les hablé y los convencí de que al leer sus trabajos no era para decir si está bien o mal sino para ayudarles para que se den cuenta de lo que escriben. Noé accede pero no muy convencido, tomo el texto y lo transcribo en la computadora, termino y lo proyecto en el pizarrón electrónico. Leemos el texto. Noé (inseguro y cohibido): -no Maestra no quiero que lo lean todos. Leemos, y algunos niños empiezan a darse cuenta de que el texto no es coherente. (González Rosa 2009).

d) Y uno aprende.

Es verdad que no todos llegaron a ser diseñadores de carteles, pero nos permitió conocer su vida después de las aulas y reconocer sus problemas familiares, y darnos a la tarea de entender el porqué no trabajan en el aula, y comenzar a diseñar estrategias y trabajo con padres de familia para eliminar la exclusión y autoexclusión de algunos de estos niños, para que no abandonen su espacio en las aulas. (García Nelly, 2009).

La experiencia que hemos llevado a cabo como formadores de docentes, particularmente la experimentada a través de los procesos de indagación y de la documentación narrativa promovidos entre los profesores, nos han acercado a los procesos educativos vividos con los alumnos, con los padres de familia, con las autoridades educativas y con la comunidad.

Asimismo, nos ha permitido asomarnos a la dimensión humana de los profesores, expresada a través de sus saberes, reflexiones, preocupaciones, miedos, creencias, incertidumbres, deseos, asombros, intenciones, todo esto, movilizado por un propósito, innovar y transformar las prácticas pedagógicas, las aulas, las escuelas y las comunidades. El recorrido no ha sido sencillo, sin embargo, estamos seguros que son aprendizajes que han dado la posibilidad de seguir construyendo junto con los profesores.

## Referências bibliográficas

Bolaños, Patricia (2009) Las drogas: una experiencia sobre la lectura, escritura y oralidad con niños de cuarto grado de primaria en Pulido, R. ; Ruiz (comps.), *LEO, Lectura, escritura y Oralidad,* México, UPN, pp. 415.

Bolivar, Antonio, et. Al. (2001) La investigación biográfica-narrativa en educación, Madrid, La muralla.

García Carmen (2009) La producción de textos a través de la planeación de actividades por proyectos con niños preescolares. en Pulido, R. ; Ruiz (comps.), *LEO, Lectura, escritura y Oralidad,* México, UPN, pp. 65.

García, Estela. (2009) Escritura bilingüe de saberes comunitarios o creencias de la comunidad Benito Juárez. en Pulido, R. ; Ruiz (comps.), *LEO, Lectura, escritura y Oralidad,* México, UPN, pp. 863.

García Nelly, (2009) La escritura y reescritura a partir de los monumentos históricos, en Pulido, R. ; Ruiz (comps.), *LEO, Lectura, escritura y Oralidad,* México, UPN, pp. 839.

González, Rosa (2009) En un recóndito lugar del país de las nubes... Escribir la historia de El fortín Alto. en Pulido, R. ; Ruiz (comps.), *LEO, Lectura, escritura y Oralidad,* México, UPN, pp. 854.

Hernández, Pedro (2009) *Agua para todos*. en Pulido, R. ; Ruiz (comps.), *LEO, Lectura, escritura y Oralidad,* México, UPN, pp. 847.

Hernández, Jaime (2009) A ti que te gusta esa onda de la lectura, en Pulido, R. ; Ruiz (comps.) *LEO, Lectura, escritura y Oralidad,* México, UPN, pp. 632.

Josette, Jolibert (2009) Niños que construyen su poder de leer y escribir, Argentina, Manantial.

Larrosa Jorge et.al. (1995) Déjame que te cuente. Barcelona, Laertes.

López, Gaspar, (2009) Ve, oye, piensa y siente conmigo. en Pulido, R. ; Ruiz (comps.), *LEO, Lectura, escritura y Oralidad,* México, UPN, pp.228.

Medina, Anabel (2009) El eco de tu voz en mis oídos. en Pulido, R. ; Ruiz (comps.), *LEO, Lectura, escritura y Oralidad,* México, UPN, pp. 464.

Ochoa de la Fuente, Lili. (2007). ¿Cómo editar pedagógicamente los relatos de experiencias? Colección de Materiales Pedagógicos. Fascículo 6, Buenos Aires, Argentina, 36 p.

Olivera Olimpia, (2009) Un proyecto en la Sierra Mixe: investigando sobre animales, en Pulido, R. ; Ruiz (comps.), En *LEO, Lectura, escritura y Oralidad,* México, UPN, pp. 803.

*Rodrigo*, Pavel, *(*2009) Recuperando historias para formar escritores. en Pulido, R. ; Ruiz (comps.), *LEO, Lectura, escritura y Oralidad,* México, UPN, pp. 870.

Suárez, Daniel (2006). Documentación narrativa de experiencias pedagógicas. Una manera de indagar el mundo y la experiencia escolares, en Entre Maestr@s. Revista para maestr@s de educación básica, Vol. 6, No. 16, México, Universidad Pedagógica Nacional.

# Narrativas e formação de professores: uma abordagem emancipatória

*Maria Isabel da Cunha*

Constantemente temos usado o expediente das narrativas, tanto em situações de pesquisa como de ensino e observado os processos vividos pelos envolvidos. Inicialmente tínhamos a perspectiva de que as narrativas constituíam a mais fidedigna descrição dos fatos e era esta fidedignidade que estaria "garantindo" consistência à pesquisa. Logo nos apercebemos que as apreensões que constituem as narrativas dos sujeitos são a sua representação da realidade e, como tal, estão prenhes de significados e reinterpretações. Conseguimos perceber ainda que, antes disto ser um problema, era o cerne da pesquisa sócio- antropológica, pois como explicitam Berger & Luckmann,

> ticular importância para a sociologia do conhecimento porque revelam as mediações existentes entre universos macroscópicos de significação, objetivados por uma sociedade, e os modos pelos quais estes universos são subjetivamente reais para os indivíduos ( 1985, p. 109).

O fato de a pessoa destacar situações, suprimir episódios, reforçar influências, negar etapas, lembrar e esquecer tem muitos significados e estas aparentes contradições podem ser exploradas com fins pedagógicos.

Tanto nas situações de ensino como nas de pesquisa, é preciso estar atento a este aspecto. Dependendo dos objetivos do investigador, discutir com os sujeitos das narrativas o perfil de sua narração pode ser um exercício intensamente interessante, capaz de explorar compreensões e sentimentos antes não percebidos, esclarecedores dos fatos investigados. Ferrer (1995, p.166) alerta que "a narração do conhecimento outorga compreensão da realidade [...] pois o escrito explica a vida". A autora ressalta a importância das narrativas escritas uma vez que elas são mais disciplinadoras do discurso e porque, muitas vezes, a linguagem escrita libera, com maior força que a oral, a compreensão nas determinações e limites.

Em pesquisa temos usado principalmente a linguagem oral. Entretanto, no ensino, na utilização de memoriais - que podem ser excelentes materiais de pesquisa são usuais os relatos escritos. Sua análise mostra que toda a construção do conhecimento sobre si mesmo supõe a construção de relações tanto consigo quanto com os outros.

Quando uma pessoa relata os fatos por ela vividos percebe-se que reconstrói a trajetória percorrida, dando-lhe novos significados. Assim, a narrativa não é a verdade literal dos fatos, mas antes, é a representação que deles faz o sujeito e, dessa forma, pode ser transformadora da própria realidade. Esta compreensão é fundamental para aqueles que se dedicam à análise de depoimentos, relatos e recuperações históricas, especialmente porque a estes se agregam às interpretações do próprio pesquisador, numa montagem que precisa ser dialógica para poder efetivamente acontecer.

Trabalhar com narrativas na pesquisa e/ou no ensino é partir para desconstrução/construção das próprias experiências, tanto do professor/pesquisador como dos sujeitos da pesquisa e/ou do ensino. Exige que a relação dialógica se instale criando uma cumplicidade de dupla descoberta. Ao mesmo tempo em que se descobre o fenômeno no outro, eles revelam-se em nós.

Outro aspecto muito importante a ressaltar é de que o trabalho com as narrativas é profundamente formativo. Como bem expressa Ferrer, "compartir a historicidade narrativa e a expressão biográfica dos fatos percorridos se converte em um elemento catártico de des-alienação individual e coletiva, que permite situar-se desde uma nova posição no mundo". (1995, p.178)

Esta compreensão, provavelmente, é que tem feito a pesquisa qualitativa tornar-se, mesmo sem a intenção precípua de fazer uma intervenção, em uma alternativa de formação. Ao mesmo tempo em que o sujeito organiza suas ideias para o relato - quer escrito, quer oral - ele reconstrói sua experiência de forma reflexiva e, portanto, acaba fazendo uma auto-análise que lhe cria novas bases de compreensão de sua própria prática.

A narrativa provoca mudanças na forma como as pessoas compreendem a si próprias e aos outros. Tomando-se distância do momento de sua produção, é possível, ao "ouvir" a si mesmo ou ao "ler" seu escrito, que o produtor da narrativa seja capaz, inclusive, de ir teorizando a própria experiência. Este pode ser um processo profundamente emancipatório em que o sujeito aprende a produzir sua própria formação, auto-determinando a sua trajetória. É claro que esta possibilidade requer algumas condições. É preciso que o sujeito esteja disposto a analisar criticamente a si próprio, a separar olhares enviezadamente afetivos presentes na caminhada, a pôr em dúvida crenças e preconceitos, enfim, a des-construir seu processo histórico para melhor poder compreendê-lo.

É importante, também, entender a relação dialética que se estabelece entre narrativa e experiência. Foi preciso algum tempo para construir a ideia de que assim como a experiência produz o discurso, este também produz a experiência. Há um processo dialético nesta relação que provoca mútuas influências.

Giroux e McLaren (1993) chamaram a atenção para a importância da linguagem, dizendo que é através dela que ao mesmo tempo nomeamos a experiência e agimos, como resultado desta interpretação. Dizem eles:

> Apenas quando podemos nomear nossas experiências - dar voz ao nosso próprio mundo e afirmar a nós mesmos como agentes sociais ativos, com vontade e um propósito - podemos

> começar a transformar o significados daquelas experiências, incluindo o exame crítico dos pressupostos sobre os quais elas estão construídas (p.26).

A trajetória da pesquisa qualitativa confirma o fato de que tanto o relato da realidade produz a história como ele mesmo produz a realidade. As pessoas vão contando suas experiências, crenças e expectativas e, ao mesmo tempo, vão anunciando novas possibilidades, intenções e projetos. Às vezes, torna-se até difícil separar o vivido do que está por viver. Experiência e narrativa se imbricam e se tornam parte da expressão de vida de um sujeito. É por isso que se pode afirmar que a escrita sobre uma realidade pode afetar esta mesma realidade, pois assim como são os pensamentos que orientam a ação racional, a narração conduzirá ao desempenho de fatos vitais. Novamente recorrendo a Ferrer destacamos a sua afirmação de que "a vida se vive para poder contá-la (alguns povos a cantam) ao mesmo tempo em que criamos nossos contos para dar sentido à vida." (1995, p.188).

O uso das narrativas como ferramenta na formação de professores tem sido um expediente bem sucedido. Não basta dizer que o professor tem de ensinar partindo das experiências do aluno se os programas que pensam sua formação não os colocarem, também, como sujeitos de sua própria história.

O professor constrói sua performance a partir de inúmeras referências. Entre elas está sua história familiar, sua trajetória escolar e acadêmica, sua convivência com o ambiente de trabalho, sua inserção cultural no tempo e no espaço. Provocar que ele organize narrativas destas referências é fazê-lo viver um processo profundamente pedagógico, onde sua condição existencial é o ponto de partida para a construção de seu desempenho na vida e na profissão. Através da narrativa ele vai descobrindo os significados que tem atribuído aos fatos que viveu e, assim, vai reconstruindo a compreensão que tem de si mesmo.

Na perspectiva de Kenski, "o narrado é praticamente uma reconceitualização do passado a partir do momento presente..." (1994, p.48) e esta condição qualifica a reflexão contextualizada, aquela que re-significa o vivido. Shor, em diálogo com Freire (1987, p.20), reforça esta análise afirmando que, constantemente, "pesquisa as palavras faladas e escritas dos estudantes para saber o que eles sabem, o que eles querem e como eles vivem [...] porque as suas falas e seus textos são um acesso privilegiado a suas consciências."

Estas reflexões favorecem a percepção de que a produção de narrativas serve, ao mesmo tempo, como procedimento de pesquisa e como alternativa de formação. Ela permite o desvendar de elementos quase misteriosos por parte do próprio sujeito da narração que, muitas vezes, nunca havia sido estimulado e expressar organizadamente seus pensamentos.

A prática com esta experiência tem mostrado a dificuldade que temos de falar e/ou escrever sobre o vivido. Parece que a trajetória cultural da escola é embotadora desta habilidade e o individualismo social estimulado nos dias de hoje também não favorece este exercício. Além disso, a construção da ideia de que o saber cotidiano distancia-se do conhecimento científico, também foi responsável pela não exploração desta histórica forma de construir informações. Greenne (1995,p.84), abordando a formação docente e refletindo sobre esta situação, afirma que, frequentemente,

> o professor é tratado como se não tivera vida própria, como se não tivera corpo, uma linguagem, uma história ou uma interioridade [...] Sua biografia pessoal foi esquecida, assim como as diferentes maneiras com as quais expressa a si mesmo através da linguagem, dos horizontes que percebe, as perspectivas com as quais olha o mundo.

A perspectiva de trabalhar com as narrativas tem o propósito de fazer a pessoa tornar-se visível para ela mesma. O sistema social conscientemente envolve as pessoas numa espiral de ação sem reflexão. Fazemos as coisas porque todos fazem, porque nos disseram que assim é que se age, porque a mídia estimula e os padrões sociais aplaudem. Muitas vezes agimos sobre o ponto de vista do outro, abrindo mão da nossa própria identidade, da nossa liberdade de ver e agir sobre o mundo, da nossa capacidade de entender e significar por nós mesmos. Para o educador esta perspectiva é fatal, porque não só ele se torna vítima dessa racionalidade como repete o mesmo processo com seus estudantes.

É preciso recuperar a condição da "racionalidade prática" tão bem explicitada por Pérez Gómez para dizer que o professor tem de ser o

> sujeito da análise que faz de seu próprio cotidiano, implicando a imersão consciente do homem no mundo de sua experiência, num mundo carregado de conotações, valores, intercâmbios simbólicos, correspondências afetivas, interesses sociais e cenários políticos (1992, p. 103).

Mas não se trata apenas de um conhecimento implícito na atividade prática. Trata-se, sim, de um diálogo entre a prática vivida e as construções teóricas formuladas nesta e sobre estas vivências. É a ideia de reflexão-ação, tão bem explicitada pelo autor anteriormente mencionado, que pode tornar-se num dos melhores instrumentos de aprendizagem. O discurso construído sobre esse diálogo é que torna possível transformá-lo numa situação profundamente pedagógica. A linguagem, então, transforma-se em uma poderosa aliada da formação.

Por isso, quando estabelecemos que os parâmetros da pesquisa qualitativa são considerados mais apropriados para uma investigação, definimos também que as narrativas passam a ser a principal matéria prima deste trabalho. O que vamos descobrindo, porém, ao longo do processo, é que as narrativas não são meras descrições da realidade, elas são, especialmente, produtoras de conhecimentos que, ao mesmo tempo em que se fazem veículos, constroem os condutores. Connelly & Clandinin dizem que

> a razão principal do uso das narrativas na pesquisa em educação é que os seres humanos são organismos contadores de histórias, organismos que individua/ e socialmente, vivem vidas contadas [...] por isso, o estudo das narrativas são o estudo da forma como os sujeitos experimentam o mundo. (1995, p.11 ).

## Narrativas: ensino e pesquisa

A princípio parece haver duas grandes vertentes de trabalho neste campo: a pesquisa que usa a narrativa e a investigação da narrativa usada no ensino. Portanto, as narrativas podem ser tanto um fenômeno que se investiga como um método de investigação.

Para fins de ensino, especialmente na perspectiva das propostas de produção do conhecimento, que têm o educando como um ser socialmente situado, tem sido bastante recomendada e experimentada a produção e a investigação das narrativas dos sujeitos, como ponto de partida ou de chegada da análise do objeto de conhecimento.

A mais divulgada maneira de trabalhar com as narrativas no âmbito do ensino e da formação de professores tem sido a chamada história de vida ou **memória pedagógica**. No campo educacional tem-se privilegiado esta perspectiva que se revela, também, pela produção de memoriais para concursos para o magistério, resultando em livros e artigos. As contribuições estrangeiras, no campo da sociologia da educação, tais como Goodson (1988), Huberman (1988), Pinar (1988), Nóvoa (1991, 1992) e outros, influenciaram educadores brasileiros a escreverem sobre o assunto, entre os quais destacam-se Lima (1988), Soares (1991) e Kenski (1994).

O uso didático da memória pedagógica e/ou história de vida tem se revelado um interessante instrumento de formação. Esta proposta tem sido a principal alternativa metodológica para a concretização dos pressupostos teóricos de um processo ensino-aprendizagem que tenha o sujeito e a cultura como pontos básicos de referência. Diferentemente das situações de pesquisa, não são tanto os produtos das narrativas que mais interessam nesta circunstância, mas o processo de produção pelo qual vive o sujeito. Nelas vale explorar, como sugestão de categorias, aquelas que a sociologia e a psicologia já nos ajudaram a construir: de quem é a voz que fala, de onde se dá esta fala, em que circunstâncias ela é produzida, quais e porque são as suas revelações, quais e por que são as suas ocultações etc.

Usar a linguagem como uma pedagogia significa

> ensinar aos estudantes a ler criticamente tanto a palavra quanto o mundo, com uma consciência da codificação cultural e da produção ideológica envolvida na [...] várias dimensões da vida social [...] Ler o mundo e a palavra significa compreender os códigos culturais e genéricos que nos permitem construir palavras para formar uma história. (Giroux & McLaren, 1993, p. 33)

Uma outra alternativa metodológica recorrente para a formação docente no contexto da prática profissional, são os **diários de classe**. Zabalza (2004, p.2) defende que esse instrumento tem relevância particular na construção da docência porque revela a expressão pessoal do professor e suas formas de ver os fenômenos que o rodeiam, sob os quais ele têm profundas implicações. Carlos, explorando as ideias do autor, ressalta o papel da escrita, pois:

> — os professores, ao irem escrevendo suas ações, motivações e ideias, vão percebendo a riqueza intrínseca da escrita, com seu potencial reflexivo e com repercussões pessoais;

> — o processo de escrever recria uma determinada experiência que havia sido representada originariamente de outra forma, possibilitando novas compreensões e aprendizagens;
>
> — a escrita proporciona ao escritor informações sobre ele mesmo e sobre o que está sendo escrito, explicitando o desenvolvimento de seus pensamentos e sentimentos;
>
> — todo o sujeito que escreve manipula os símbolos que utiliza e, nesse sentido, não há uma escrita inconsciente;
>
> — a escrita e a reflexão são inerentes entre si. Ao escrever, se instala um distanciamento que permite tomar a experiência sob outra perspectiva. (2010, p.80)

Reconhece-se, assim a escrita e a narrativa como um potencial de formação já demonstrado por pesquisas (Cunha 1988), Nóvoa (1992) Ferrer Cerveró (1995), Carlos (2010). Como tal, influencia a prática dos docentes que passam a valorizar o mesmo procedimento com seus alunos.

O uso das narrativas com objetivo pedagógico não tem a perspectiva terapêutica e, preferencialmente, não deve aproximar-se deste caráter. Evidentemente que a recuperação histórica dos sujeitos interfere nas com emoções, nos sentimentos, nas perdas, nas alegrias. O trato dos dados narrativos, na sala de aula, precisam, entretanto, ser canalizados para os objetivos a que se propõem, ou seja, o reconhecimento e a reflexão do sujeito sobre si mesmo e sobre seu contexto, para melhor reconhecer-se como profissional educador. Basicamente é usar a ideia de Bosi (1987, p.48) para quem o "passado não é o antecedente do presente, é sua fonte." O principal objetivo em explorá-lo é ajudar os estudantes e os professores a problematizar a especificidade histórica da produção de suas próprias posições de sujeitos e os modos de sociabilidade que construíram nas contradições de suas trajetórias.

Já no campo da pesquisa, as narrativas têm sido usadas como um instrumental de coleta de dados. Se é verdade que o homem é um ser contador de histórias como acima foi dito, a investigação de caráter qualitativo tem tido o mérito de explorar e organizar este potencial humano, produzindo conhecimento sistematizado através dele. É certo que o importante, na investigação, é ouvir a história do interpelado, para quem são dirigidas as questões investigatórias. Mas também é fundamental lembrar que numa provocadora entrevista não diretiva, disposta a re-construir histórias, fatalmente haverá a interferência de quem ouve, especialmente na re-interpretação de significados, o que mostra que uma narrativa acaba sempre sendo um processo cultural, pois elas tanto depende de quem a produz como depende de para quem ela se destina. De alguma forma, a investigação que usa narrativas pressupõe um processo coletivo de mútua explicação, em que a vivência do investigador se imbrica na do investigado.

A compreensão desta complexa simbiose, acoplada ao necessário distanciamento reflexivo do objeto próprio da pesquisa, requer do pesquisador de narrativas uma certa. desenvoltura intelectual que lhe garanta o rigor, sem deixar de perceber o entrelaçado de relações. Não deixa de ser um jogo, em que cada jogador tem uma posição. O êxito da partida dependerá da habilidade com que cada um exercerá o seu papel, mesmo entendendo que é o coletivo que produzirá o intento de chegada.

Na pesquisa também é fundamental entender a relação dialética entre teoria e realidade, pois é neste espaço que se percebe que a investigação que usa narrativas é, ao mesmo tempo, investigação e formação. "Ao mesmo tempo em que a realidade informa a teoria esta, por sua vez, a antecede e permite percebê-la, reformulá-la, dar conta dela, num processo sem fim de distanciamento e aproximação" (Minayo, 1994, p.92.). Este movimento precisa estar presente na prática investigativa que utiliza as narrativas como fonte de conhecimento. É importante não aprisioná-las, *a priori*, em categorias teóricas pré-definidas, porque este procedimento seria fortemente cerceador do relato espontâneo. Ao mesmo tempo, entretanto, não há como deixar de identificar formulações e teóricas no discurso dos sujeitos e também nas estruturas cognitivas e afetivas dos seus interlocutores.

Esta posição reforça a ideia de Larrosa quando afirma que "o sentido do que somos depende das histórias que contamos e das que contamos a nós mesmos [...], em particular das construções narrativas nas quais cada um de nós é, ao mesmo tempo, o autor, o narrador e o personagem principal" (1994, p.48). Parece ser este o mesmo sentido dado por Santos a sua afirmação de que "todo o conhecimento é autobiográfico" (1987, p.52).

Retomando as palavras de Larrosa, é importante ressaltar sua afirmação de que

> o sujeito pedagógico ou, se quisermos, a produção pedagógica do sujeito, já não é analisada apenas do ponto de vista da objetivação mas, também, da subjetivação [..] isto é, do ponto de vista de como as práticas pedagógicas medeiam certas relações determinadas da pessoa consigo mesma. Aqui os sujeitos não são posicionados como objetos silenciosos, mas como sujeitos confessantes; não em relação a uma verdade sobre si mesmo que Ihes é imposta de fora, mas em relação a uma verdade sobre si mesmos que eles mesmos devem contribuir ativamente para produzir. (op. cit., p.54)

São estas premissas que dão suporte às pesquisas que usam narrativas que lhes atribuem qualificação e riqueza. Talvez sejam elas oportunidades ímpares de integrar investigação e formação no mesmo processo que se caracteriza, fundamentalmente, pela intencional idade de realizar uma reconfiguração de saberes, onde teoria e prática, realidade e intenção, sujeito e objeto se tornem uma só possibilidade.

Provavelmente, a vivência com o uso de narrativas no ensino e na pesquisa, muitas outras coisas vão elucidar. Cabe é ficar alerta, com uma disposição investigativa sobre os próprios processos de investigação.

## O uso das narrativas como dispositivos de formação: a experiência de cursos de Licenciatura[1]

Por longo tempo, inspirados pela racionalidade técnica, os Cursos de Licenciatura não percebiam e não levavam em conta essa dimensão cultural. Começavam o processo de formação imaginado que os estudantes fossem tabulas rasas e que nada sabiam da profissão escolhida. Imaginava-se que a entrada no Curso de Licenciatura ia descortinar o perfil da profissão e sustentar suas concepções e práticas, baseadas nas disciplinas de fundamentos da educação e das práticas metodológicas. A ideia de prática também acompanhava a racionalidade técnica, pois era tida como aplicação da teoria. Por isso os estágios localizavam-se no ápice da pirâmide curricular e, ao observar o estudante nas iniciais atividades da profissão, procurava-se perceber se, na prática, ele aplicava adequadamente a teoria.

Certamente essa lógica foi sempre objeto de tensão e frustração. Os estudantes vivenciavam uma sensação de despreparo e os professores se sentiam incompetentes na tarefa formadora. A prática era muito mais complexa do que a teoria e em nenhum momento se mostrava receptiva a aplicação de conhecimentos pré-estabelecidos. Essa condição dava margem a constantes mudanças curriculares, alterando a ordem das disciplinas, incluindo conhecimentos de última geração, sem, entretanto, resultados positivos palpáveis.

Foi preciso vivenciar o processo de esgotamento da racionalidade técnica para que compreendêssemos a relação intensa entre

1. Cursos de Licenciatura - No Brasil, por força de regulação oficial, chamam-se Cursos de Licenciatura aqueles destinados à formação de professores das distintas especialidades do conhecimento escolar.

pedagogia e epistemologia e que os nossos procedimentos curriculares e de métodos de ensino baseavam-se numa concepção de conhecimento que precisava ser rupturada e reconstruída sobre novas bases epistemológicas.

A pesquisa em educação, em especial no campo da formação de professores, foi fundamental para essa descoberta. Quando começamos a fazer pesquisas de bases qualitativas, inserindo as narrativas como instrumental de coleta de dados e compreensão da realidade, fomos obrigadas a refletir sobre a formação que vínhamos fazendo.

Utilizando a super valorização da teoria e anulando as marcas culturais, atribuíamos o sucesso do professor apenas ao domínio da ciência pedagógica. Nessa perspectiva acreditava-se que os professores formavam dois grupos: aqueles que tinham formação pedagógica e eram bons e aqueles que não tinham essa formação e não eram bons!

A pesquisa qualitativa, em especial a de cunho etnográfico, começou a desestruturar essa certeza. Estudando, numa perspectiva antropológica, os professores que tinham práticas bem sucedidas, na visão de seus alunos (Cunha, 2004) percebemos que muitos deles não tinham formação pedagógica numa dimensão acadêmica estruturada (cursos, principalmente). Percebemos, também, que sequer essa categoria – formação pedagógica – poderia ser tomada numa perspectiva universal, pois ela se mostrava absolutamente variável em função do tempo, orientações e condições em se desenvolvia. A par disso e, talvez a descoberta mais importante, se referia ao depoimento dos professores que afirmavam que a principal inspiração da sua docência decorria de seus ex-professores; eles que eram a matriz na hora que decidiam o que fazer e o que não fazer na sala de aula com seus alunos.

Essa descoberta foi fundamental na reorientação dos processos de formação, em especial dos Cursos de Licenciatura. Indicou que, a primeira ação de formação incluía a reflexão sobre os modelos históricos de docência que estão no imaginário dos alunos. Fazer com que eles venham à tona é condição para uma formação emancipatória, que propicie ao aluno a tomada de decisões sobre que professor ele quer ser, que docência que exercer. Foi então que os processos narrativos, especialmente o uso da escrita e da oralidade na recuperação da memória pedagógica se estabeleceram como dispositivo principal dos processos de formação de professores.

Essas concepções vêm inspirando o trabalho realizado por professores e alunos dos cursos de formação, sendo base do processo que se sucederá na trajetória curricular dos futuros professores. O exercício da escrita vem se constituindo como um importante dispositivo de formação, especialmente a escrita que recupera a condição de autoria do estudante e o faz refletir sobre sua trajetória, influenciando, numa dimensão emancipadora, a sua formação. Certamente essa prática, estabelecida na formação inicial, se tornará uma cultura que acompanhará o docente no seu desenvolvimento profissional, impactando a escola e os sistemas de educação.

## Referências bibliográficas

ANDRÉ, Marli Elisa. *Etnografia da Prática Escolar*. Campinas: Papirus, 1995.

BERGER, Peter, LUCKMANN, Thomas. *A Construção Social da Realidade*. Petrópolis: Vozes, 1985.

BOSI, Ecléa. *Memória e Sociedade*: Lembranças de Velhos. São Paulo: Companhia das Letras, 1987.

CARLOS, Ligia Cardoso. *Formação e inserção profissional*: um estudo de caso de um Curso de Pedagogia para professoras no exercício da docência. Tese de Doutorado. Programa de Pós-Graduação em Educação da UNISINOS, RS, Brasil, 2010.

CONNELLY, Michael, CLANDININ, Jean. *Relatos de Experiências e Investigación Narrativa*. In: Larrosa, Jorge (org). *Déjame que te Cuente*. Barcelona: Editorial Laertes, 1995. p. 11-59.

CUNHA, Maria Isabel da. *O bom professor e sua prática*. Campinas, SP, Papirus, 2004, 16 edição.

FAZENDA, Ivani (org). *Novos enfoques da pesquisa educacional.* São Paulo: Cortez, 1992.

_____. *Interdisciplinaridade: história, teoria e pesquisa.* Campinas: Papirus, 1995.

FERRER CERVERÓ, Virgínia. La crítica como narrativa de lãs crises de formación. In: LARROSA, Jorge (org). *Déjame que te cuente.* Barcelona: Editorial Laertes, 1995.

FREIRE, Paulo & SHOR, Ira. *Medo e ousadia*: o cotidiano do professor. Rio de Janeiro: Paz e Terra, 1987. 224p.

FREIRE, Paulo. *Pedagogia do Oprimido.* Rio: Paz e Terra, 1975.

GIROUX, Henry, MACLAREN, Peter. Linguagem, escola e subjetividade: elementos para um discurso pedagógico crítico. *Educação e Realidade.* Porto Alegre, v.18, n.2, p.21-35, jul./dez. 1993.

GOODSON, I. F. Teeachers'life stories and studies of curriculum. In: GOODSON I. F. (ed). *The Making of Curriculum.* Colleted Essays. Philadelphia: Falmer Press, 1988.

GREENE, Maxine. El professor como extranjero. In: LAROSSA, Jorge. Déjame que te cuente. Barcelona: Editorial Laertes, 1995.

HAGUETTE, *Maria Teresa M. Metodologias qualitativas na sociologia.* Petrópolis: Vozes, 1987.

HUBERMAN, M. Teachers careers and social improvement. *Journal of Curriculum Studies*, Glasgow, v.20, p.119-132, 1988.

KENSKI, Vani. Memória e ensino. *Cadernos de Pesquisa.* São Paulo, n.90, p.45-51, ago. 1994.

LARROSA, Jorge. Tecnologias do eu e educação. In: SILVA, Tomaz T. *O sujeito da educação.* Petrópolis: Vozes, 1994. p.35-86.

_____. Três imágenes de Paradiso. In: LARROSA, Jorge (org). *Déjame que te Cuente.* Barcelona, Editorial Laertes, 1995. p. 137-164

LIMA, Maria de Lourdes. R. Mudanças Qualitativas do Conhecimento sobre o trabalho Docente. In: FAZENDA, Ivani. (org) *Um Desafio para a Didática.*São Paulo, Loyola, 1988. p.39-62

LÜDKE, Menga, ANDRÉ, Marli. *Pesquisa em Educação: Abordagens Qualitativas.* São Paulo: E.P.U., 1986.

MINAYO, Maria Cecília. *O Desafio do Conhecimento.* São Paulo: Hucitec-Abrasco, 1994.

NÓVOA, António (org). *Profissão Professor.* Porto , Portugal: Porto Editores, 1991.

_____. (org) *Vidas de Professores*. Porto, Portugal: Porto Editores, 1992.

PÉREZ GÓMEZ, Angel. O pensamento prático do professor: a formação do professor como profissional reflexivo. In: NÓVOA, António. *Os professores e a sua Formação*. Lisboa: Dom Quixote, 1992. p.93-114

PINAR, W. F. Whole, bright deep with understanding. Issues in qualitative research and autobiographical method. In: *Comtemporary Curriculu Discourse*. Scottsdade: Gorsuch Scarisbrick, 1988.

SANTOS, Boaventura de Sousa. *Um discurso sobre as ciências*. Porto, Portugal: Afrontamento, 1987.

SOARES, Magda B. *Matemórias – memórias: travessias de uma educadora*. São Paulo: Cortez, 1991.

ZABALZA, Miguel. *Diários de Aula*: um instrumento de pesquisa e desenvolvimento profissional. Porto Alegre. Artmed, 2004.

# Os autores

**Ana Alcídia de Araújo Moraes:** Graduação em Pedagogia pela Pontifícia Universidade Católica de São Paulo (1981), mestrado em Educação (Currículo) pela Pontifícia Universidade Católica de São Paulo (1994) e doutorado em Educação pela Universidade Federal de São Carlos (1999). Atualmente cursa pós-doutorado no Centro de Desenvolvimento de Ensino Superior em Saúde(CEDESS) na Universidade Federal de São Paulo. É professora adjunto da Universidade Federal do Amazonas. Tem experiência na área de Educação, com ênfase em histórias de leitura e formação de leitores, atuando principalmente nos seguintes temas: histórias de leitura e formação, leitura, currículo, educação em saúde, formacão de professores indígenas e formação continuada de professores. (Currículo Lattes. CNPq. Maio 2010)

**Andreza da Silva Dorzanio:** Aluna do curso de Pedagogia da Universidade Federal do Amazonas, atualmente desenvolve projeto de Iniciação Científica com apoio da Fundação de Amparo à Pesquisa do Estado do Amazonas (Currículo Lattes. CNPq, maio 2010)

**Carlos Humberto Alves Corrêa:** Possui graduação em Pedagogia pela Universidade Federal do Amazonas (1988), mestrado em Educação pela Universidade Estadual de Campinas (1999) e doutorado em Educação pela Universidade Estadual de Campinas (2006). Atualmente é professor concursado da Universidade Federal do Amazonas. Tem experiência na área de Educação, com ênfase em

Métodos e Técnicas de Ensino, atuando principalmente nos seguintes temas: livros escolares, história da leitura escolar, circuito do livro escolar, manuaes escolares e ensino da leitura. (Currículo Lattes. CNPq. Maio 2010)

**Carmen Ruiz Nakasone:** Universidade Pedagógica Nacional do México.

**Charliton José dos Santos Machado:** Licenciado em Ciências Sociais pela Universidade Federal da Paraíba/UFPB (1994), Mestre em Sociologia Rural pela Universidade Federal da Paraíba/UFPB (1997), Doutor em Educação pela Universidade Federal do Rio Grande do Norte/UFRN (2001) e Pós-Doutor em Educação pela UNICAMP (2009). Atualmente é Professor Adjunto IV e Pesquisador Permanente do Programa de Pós-Graduação em Educação (PPGE) e do Programa de Pós-Graduação em Sociologia (PPGS), ambos da Universidade Federal da Paraíba, atuando como orientador (Mestrado e Doutorado), principalmente, nos seguintes temas: educação, história, cultura e gênero. (Currículo Lattes. CNPq. Maio 2010)

**Elciclei Faria dos Santos:** Possui graduação em Pedagogia pela Universidade Federal do Amazonas/Ufam (2002) e Mestrado em Educação pela Universidade Federal do Amazonas (2005). Atualmente é Professora Assistente na Universidade Federal do Amazonas. Tem experiência na área de Educação, com ênfase em Formação de Professores(as) Indígenas, atuando principalmente nos seguintes temas: formação de professores(as); formação de professores(as) indígenas; educação escolar indígena. (Currículo Lattes. CNPq. Maio 2010)

**Lúcia Maria Vaz Peres:** Possui graduação em Pedagogia pela Universidade Católica de Pelotas (1982) e doutorado em Educação pela Universidade Federal do Rio Grande do Sul (1999). Atualmente é professora na categoria Associado nível I, Faculdade de Educação, na Universidade Federal de Pelotas. Desenvolve atividades de docência na graduação e no Programa de Pós-graduação em Educação. Na graduação do Curso de Pedagogia trabalha na área da psicologia e na Pós no Curso de Mestrado e Doutorado desenvolve estudos e pesquisas na temática do Imaginário, processos relativos a (auto) formação e Representações. Neste programa participou da Linha de Pesquisa que trata da Formação Docente: ensino, aprendizagem e conhecimento. Recentemente, passou a fazer parte da linha de Cultura Escrita: linguagens e aprendizagem, tendo como foco a autobiografia, a pesquisa-formação e processos humanos (auto)formadores . É lider do grupo de pesquisa: Imaginário, Educação e Memória (GEPIEM), sediado no CNPq e representante da Região Sul da Associação Brasileira de Pesquisa (Auto)Biográfica. (Currículo Lattes. CNPq. Maio 2010)

**Luciane De Conti:** Possui graduação em Psicologia pela Universidade Federal do Rio Grande do Sul (1992), mestrado (1996) e doutorado (2004) em Psicologia do Desenvolvimento pela Universidade Federal do Rio Grande do Sul, com doutorado sanduíche na Université de Nantes, França. Atualmente é professora e pesquisadora do Departamento de Psicologia da Universidade Federal de Pernambuco, onde está vinculada à pós-graduação em Psicologia Cognitiva e coordena o Núcleo de Pesquisa em Narrativa, Cultura e Desenvolvimento. Tem experiência na área de Psicologia, com ênfase em Desenvolvimento Humano e Cultura, Cultura e Cognição atuando principalmente nos seguintes temas: narrativa, cultura, brinquedo e cognição. (Currículo Lattes. CNPq. Maio 2010)

**Maria Aparecida Bergamaschi:** Pós-doutora em Educação pela Universidade Estadual de Campinas (2009), doutora em Educação pela Universidade Federal do Rio Grande do Sul (2005); mestre em Educação pela Pontifícia Universidade Católica do Rio Grande do Sul (1996); licenciada em História pela Faculdade Porto Alegrense de Educação Ciências e Letras (1985) e em Educação Artística pela Universidade de Passo Fundo (1980). Atualmente é professora na Faculdade de Educação da Universidade Federal do Rio Grande do Sul, onde atua na Graduação e Pós-Graduação. Seus interesses de pesquisa estão vinculados às temáticas «Educação Indígena» e «Ensino de História». É integrante do GT Ensino de História e Educação (ANPUH-RS) e do Núcleo de Estudos Educação e a Gestão do Cuidado (FACED-UFRGS). (Currículo Lattes. CNPq. Maio 2010)

**Maria Isabel da Cunha:** Possui graduação em Ciências Sociais (1968) e Pedagogia (1974) pela Universidade Católica de Pelotas (1968), mestrado em Educação pela Pontifícia Universidade Católica do Rio Grande do Sul (1979) e doutorado em Educação pela Universidade Estadual de Campinas (1988). É professora aposentada da Faculdade de Educaçao da Universidade Federal de Pelotas (RS) onde foi Pró-Reitora de Graduaçao (1989-1992) e Coordenadora do Programa de Pós-Graduaçao em Educaçao. Atuou por 15 anos como supervisora pedagógica da Escola Técnica Federal de Pelotas. Atualmente é docente titular do Programa de Pós-Graduaçao em Educaçao da Universidade do Vale do Rio dos Sinos (RS). Tem experiência na área de Educação, com ênfase em Educação Superior, atuando principalmente nos seguintes temas: formação de professores, pedagogia universitária e avaliação institucional. (Currículo Lattes. CNPq. Maio 2010)

**Maria Stephanou:** Graduada em História pela Universidade Federal do Rio Grande do Sul (1982). Mestre em Educação (1990) e doutora em Educação (1999), ambos pela Universidade Federal do Rio Grande do Sul. Atualmente é Professora Associada II da Universidade Federal do Rio Grande do Sul, atuando junto ao Programa de Pós Graduação em Educação. Presidente da Associação Sul-Rio-Grandense de Pesquisadores em História da Educação, cumprindo o segundo mandato. Tem experiência nas áreas de História e Educação, com ênfase em História da Educação, Educação e Juventudes, atuando principalmente nos seguintes temas: história da educação, medicina e educação, manuais de civilidade e urbanidade, memória e história oral, juventudes e participação social. Integra o conselho editorial dos seguintes periódicos: Anais do Museu Paulista , Revista Brasileira de História da Educação e Revista Aulas. (Currículo Lattes. CNPq. Maio 2010)

**Marilda da Silva:** Possui graduação em Pedagogia pela Faculdade de Educação Antonio Augusto Reis Neves (1981), graduação em História pela Faculdade de Filosofia Ciências e Letras de Ituverava (1986), mestrado em Filosofia e História da Educação pela Pontifícia Universidade Católica de São Paulo (1994), doutorado em Educação pela Universidade de São Paulo (1999) e pós-doutorado em Estudos Comparados em Educação pela Universidade de Lisboa (Prof. António Nóvoa - 2001-2002). É professora Adjunto (a partir de setembro de 2006) na e da Universidade Estadual Paulista Júlio de Mesquita Filho - Campus de Araraquara-SP, onde trabalha desde 1989. Tem experiência na área de Educação, com ênfase em Didática, atuando principalmente nos seguintes temas: formação de professores, didática, habitus professoral e habitus estudantil, didática e formação de professores, história de escolarização de alunos e ensino na sala de aula. É credenciada para orientar mestrado e doutorado no Programa de Pós-Graduação em Educação Escolar da Faculdade de Ciências e Letras - Campus de Araraquara-SP (UNESP) desde 2002. (Currículo Lattes. CNPq. Maio 2010)

**Raquel Lazzari Leite Barbosa:** Graduação em Fonoaudiologia pela Pontifícia Universidade Católica de São Paulo (1981), Mestrado em Educação: História, Política, Sociedade pela Pontifícia Universidade Católica de São Paulo (1989) e Doutorado em Educação pela Universidade Estadual de Campinas (1994). Livre-docente em Didática pela Universidade Estadual Paulista Julio de Mesquita Filho (2007). Atualmente é professor adjunto da Universidade Estadual Paulista Júlio de Mesquita Filho. Tem experiência na área de Educação, com ênfase em Métodos e Técnicas de Ensino, atuando principalmente nos seguintes temas: educação, práticas pedagógicas, formação de educadores, leitura e formação de professores. (Currículo Lattes. CNPq. Maio 2010)

**Rita de Cassia Gallego:** Possui graduação em Pedagogia pela Universidade de São Paulo (1998), mestrado em Educação pela Universidade de São Paulo (2003) e doutorado em Educação, pelo Programa de Pós-Graduação da Faculdade de Educação da USP. Realizou estágio de doutorado-sanduíche no Institut National de Recherche Pédagogique (INRP), em Paris. É professora dos cursos de Pedagogia e Licenciatura na Faculdade de Educação da USP, na área de Didática. No que concerne às pesquisas em Educação, tem privilegiado o estudo dos temas: tempo escolar, ensino público primário, história da educação e organização do trabalho do professor. (Currículo Lattes. CNPq. Maio 2010)

**Roberto Pulido Ochoa:** Professor de História da Escuela Normal Superior de México, fez Especialização em Língua e Literatura e Mestrado em Formação Docente na Universidade Pedagógica Nacional do México. Nessa mesma instituição, atualmente ele coordena um projeto de investigação intitulado La lengua escrita, la alfabetización y el fomento de la lectura en educación básica e dirige a revista Entre Maestros. Também é Coordenador da Rede latinoamericana para a transformação da formação docente en linguagem.

**Sérgio Fabiano Annibal:** Doutor em Educação pela Universidade Estadual Paulista Julio de Mesquita Filho - UNESP/Marília (2009); Estágio de doutoramento na Faculdade de Psicologia e Ciências da Educação da Universidade de Lisboa/Portugal (2008-2009); Mestrado em Estudos Literários pela Universidade Estadual Paulista Julio de Mesquita Filho - UNESP/Araraquara (2004); Graduação em Letras (Português/Inglês) pela Universidade Estadual Paulista

Julio de Mesquita Filho - UNESP/Araraquara (2001). Tem experiência na área de Letras e Educação, atuando principalmente em Didática e na Prática de Ensino de Língua Portuguesa e suas respectivas literaturas. Além disso, é membro pesquisador do Grupo de Estudos e Pesquisas sobre Linguagem, Ensino e Narrativa de Professores (GEPLENP)/UNESP/Assis. (Currículo Lattes. CNPq. Maio 2010)

**Valéria Amed das Chagas Costa:** Graduação em Licenciatura Plena em Pedagogia pela Universidade Federal do Amazonas (1986), Especialização em Educação e Trabalho, pela Universidade Federal do Amazonas (1992) e Mestrado em Educação (Metodologia do Ensino), pela Universidade Federal de São Carlos (1996). Atualmente é Professora Assistente da Universidade Federal do Amazonas, na qual realiza atividades de ensino, pesquisa e extensão na área de Educação, com ênfase em Metodologia do Ensino, Supervisão Educacional e Formação de Professores Indígenas. (Currículo Lattes. CNPq. Maio 2010)

SOBRE O LIVRO
*Formato:* 14 x 21 cm
*Mancha:* 23, 7 x 43,1 paicas
*Tipologia:* Minion Pro 10,5/14,5
*Papel:* Offset 75 g/m² (miolo)
Cartão Supremo 250 g/m² (capa)
2010

EQUIPE DE REALIZAÇÃO
*Capa:* DB Comunicação
*Revisão:* Cleber Santos Vieira
*Editoração:* Nobuca Rachi

Impressão e Acabamento